思想的與文學的

楊 鴻 銘 著

文 學 叢 刊

文史哲出版社印行

國家圖書館出版品預行編目資料

思想的與文學的 / 楊鴻銘著 -- 初版 --
臺北市：文史哲, 民 102.12
頁; 公分（文學叢刊；307）
ISBN 978-986-314-157-0（平裝）

1.言論集

078　　102026533

文學叢刊 307

思想的與文學的

著　者：楊　鴻　銘
出版者：文　史　哲　出　版　社
http:// www.lapen.com.tw
e-mail：lapen@ms74.hinet.net
登記證字號：行政院新聞局版臺業字五三三七號
發行人：彭　正　雄
發行所：文　史　哲　出　版　社
印刷者：文　史　哲　出　版　社
臺北市羅斯福路一段七十二巷四號
郵政劃撥帳號：一六一八〇一七五
電話886-2-23511028・傳真886-2-23965656

定價新臺幣二八〇元

中華民國一〇二年（2013）十二月初版

ISBN 978-986-314-157-0　09307

序

知其然的人很多，知其所以然的人較少，爲什麼？因爲所見、所聞、所感受的表象，不用思考就能經由感官，直接獲得。至於知其所以然，則須透過思考、透過分析、透過推論，才能得知真正的事實。

有思想才能縝密的思考、清楚的分析、正確的推論。思想，是認知的基礎，也是行事無形的準則；所以公正而不偏袒、全面而非蔽於一曲的思想，才能理性的思考，並洞澈事實的原委。可惜人們由於所處的環境、所接觸的人事而有所堅持、有所偏執，而在意識或行爲上，輕者彼此排斥，重者相互叫陣，在文學或藝術上，只寫我心、只寫我民、只寫我土，一切以狹窄的「我」爲依歸，而未能創作出與世人同其情感的大作品。

羅曼羅蘭的貝多芬傳，明寫貝多芬，其實已爲人們樹立學習的典範；拉斐爾的聖母像，明畫聖母，其實已將人類的心靈淨化了；路德維希二世的新天鵝堡，明爲巴伐利亞而建，其實早已築起地球的地標；尼采的查拉杜斯屈拉如是說，明抒自己的想法，其實至今仍然是世人依循的準則。我想當初他們只爲自己的信念而動，只爲自己的理想而寫，並未慮及其他，但他們卻因偉大的思想，而成就了不朽的偉大！

民國八十六年（一九九七）七月，偕同家人往遊加拿大，因見落磯山脈雄奇的景物而備感震撼，而豁然開朗。我想：我是一個平凡的人，但我願意站在人類的立場上，將人應有的思想、文學應有的內涵、生活應有的態度敘寫出來。希望有思想、有文學、有生活的這本書，是我的書，也是您的書！

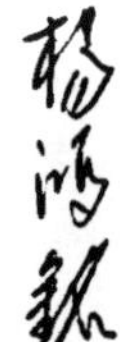
謹識於臺北

思想的與文學的

目次

一、遊　戲

藝術是遊戲，從遊戲之中可以奇出巧思，可以揮灑想像，更可以賣弄高度的技巧。但遊戲卻不一定是藝術；因爲藝術有藝術的規則，文學有文學的原理。凡是符合原理的文字，才能叫做文學；凡是符合規則的遊戲，才能叫做藝術。因此從事藝術或文學的創作時，想像的空間可以無限寬廣，嘗試的手法可以另類多樣，但完成之後的作品，卻須有板有眼，有模有樣，否則就是遊戲，不能叫做藝術。

從原理之中奇出巧思，構想超出常模常態的作品，才能表現一己獨特的風格。所以西班牙的建築師高第，以底部八角形的柱子，往上伸展而爲十六角形，而到柱頂成爲三十二角形。走出規則之外揮灑想像，將狀似無關的事物，化爲最能展露才華的藝術。因此高第以長短不同的細線，懸吊一、二十個裝有海沙的小袋，照相之後倒轉過來，正是聖家堂教堂建築的模型。

建築有建築的原理，按照原理規規矩矩的設計，雖能蓋出穩穩當當的房子，但卻只是房子，而不是藝術。藝術的建築，須以原理爲其構想的前提，然後隨心所欲，設計出人意表的作品，才能擺脫匠的層面，而進入藝的領域。所謂原理，就是基礎，就是文學創作的素養。有了素養之後，還得掙脫傳統的窠臼、沿襲的慣性與常人的想法，才能讓建築看來別具風格，才能使文章寫來不落俗套。

瑞士以不同音調的牛鈴演奏曲子，旋律、節奏悉合曲譜，是遊戲，也是音樂。俄羅斯以手腳同時操控兩個娃娃跳舞，舞步、動作俱有美感，是遊戲，也是舞蹈。作者以一組組不同的文字，砌成一件件完整的作品，是遊戲，也是文學。藝術是創作，也是一種有趣的遊戲，但遊戲卻不一定是藝術。所以時人的戰爭交響曲，全詩以數百個「兵、乒、乓、乒、丘」字形構成，希望讀者想像軍隊、殘兵與墳墓。周策縱的清明一詩，整首只有一個「露」字，希望讀者想像瀰漫的水氣、透明的露珠與路上的水滴。兩首新詩因爲不合創作的原理，不具文學的樣子，所以只能視爲遊戲，而不是詩。

新詩雖然沒有一定的格律，卻有一定的形式；雖然可以多樣的變化，卻須符合基本的原理。時人的戰爭交響曲，堆累數百個兵、乒、乓、丘，想以字的完缺引出一片戰爭的場景；這與把墨潑向畫布，然後告訴讀者畫裡有山有水一樣的荒謬。周策縱的清明只有一個「露」字，想叫讀者以無窮的想像，彌補作者才能的不足，這與線上畫有一隻麻雀，然後告訴讀者畫裡盡是麻雀一樣的可笑。因為不合創作的原理，沒有藝術的形貌，所以詩不是詩，畫不是畫；既然不是詩，不是畫，讀者也就不必聽人戲弄、任人擺布了。

遊戲建築的人，除了必須懂得匠的技巧，懂得安全與舒適之外，還得使建物如同一塊大的雕塑，而展現整體的風貌；使建物襯合周遭的環境，好像本來就長在這塊土地之上。遊戲文學的人，除了必須具備文學的素養、具備驅遣字句的能力之外，還須玩得自然，使景物歷歷如在眼前，使議論如見作者現身說法，才是高明的玩家，才能在遊戲之中創作藝術，而不露出些微斧鑿的痕跡。

僅止於感官的玩耍，是遊戲；僅止於層面的玩耍，也是遊戲。創作是玩入心靈的活動，是於難處再現更難技巧的工作。所以在繁複的形構中，因為有理可循，而不覺得蕪雜；在簡單的線條裡，因為有理好說，而不覺得單調。遊戲雖然不是創作的主體，卻是創作的動力；如果少了遊戲，我們的文明也許還停留在昨天。

其二

遊戲是創作之前的嘗試，也是創作動機的引子；因此爲遊戲而遊戲，不但必須用心的玩，而且還得在玩中不斷的推衍，才能玩出新的構想，才能走出純粹的遊戲，而進入創作的領域。在古代唐帝國時，部分文人因爲詩作無法贏得科舉，躋身朝廷仕宦之列；於是隱居終南山上，繼續玩那詩的遊戲，希望有天也能走出終南捷徑，而走進顯赫的官場。這些文人雖玩遊戲，但卻玩得不夠認真，所以時代一過，只好乘著淘汰的浪濤而消聲匿跡了。

只是遊戲，雖然也能玩出一番道理，但卻不能玩得徹底。遊戲如果想要兼具創作的性質，則除了娛樂、除了排遣之外，還得直探源頭，找出好玩的原因；或爲本來鬆散的遊戲，設計規則、設計更有意義的玩法來。在我們的社會裡，時常可以看到爲數不少的人，寫好文章之後，一定要拿給所謂的權威者看，表面上謙虛的說是請益，實際上則是借光，希望經由推介而得到重視，卻從來不曾想過：與其向人借光，不如使自己成爲發光體；與其求助別人，不如使自己成爲一個隨時可以傾洩萬斛的源頭，而把文字玩得透徹，並玩出自己獨特的風采來。

固定的遊戲，只能提供一種趣味，隨時改變玩法的遊戲，才能使人欲罷而不能。所以玩在表面的遊戲、固定去玩的遊戲，是遊戲而不是創作，無法玩出屬於自己的天地。在日新月異的今天，還有很多食古不化、抱殘守缺的人，要求還未識字的幼童，背誦文字艱澀的四書與五經，且不加以講解，說什麼日後他們自然能懂；行禮如儀的遵循古法，又是叩頭，又是跪拜，說什麼如此才能再現聖賢之道。其實背誦的內容必須難易適中，必須加以講解，才能得到應有的效果；如今彼此見面，只要寒暄點頭、敬禮握手即可，何必又跪又拜？「世異則事異，事異則備變」，讀著古文、玩弄古法的人，如果不能順應時代、改變玩的把戲，最多只能玩在陳腐的舊習之中，而把自己變成披著文明外衣的野蠻人。

創作，除了必須有變化的玩之外，還得玩得夠久，才能橫亙不同的時空，而發展出氣魄雄偉、歷久彌新的藝術。所謂玩得夠久，是以某種不變的主幹爲其基礎，而在一定的骨架裡不斷的推陳出新，不斷的拓展新境，因此時間愈久，愈能表現出它的善與美。在中國的文學裡，唐詩、宋詞、元曲雖然分屬不同的時代，分爲三種不同的文體，但其本質卻沒兩樣，遭遇的情形也大致相同。一種詩體，在其格律尚未嚴謹的初期，雖有形式，卻無限制，可以自由的表現、自在的變化。待格律成熟之後，人人有規可循，創作的量與質同時提升，馬上進入鼎盛的時期。因爲格律嚴謹，因爲已成限制，所以在短暫的鼎盛之後，無法開展既有的格局，不能繼續再玩下去而隨即衰頹。這種文學特質，往好處想，也是變化；往缺點看，卻是半途不得不廢。今天，我們有如此典雅的語體散文，有如此奔放的白話新詩；走在臺灣學界的我們，能夠不以中國的玩法爲戒，而將我們的詩文，玩出一片嶄新而又曠闊的天空嗎？

用心的玩，才能意識自己正在玩些什麼？徹底的玩，才能塑造自己獨特的風格；變化的玩，才能避免自己陷入不合時宜的迂腐中；長久的玩，才能玩出文學真正的價值。以玩爲主的遊戲，可以只是遊戲，也可以變成創作之前的嘗試；是遊戲？還是嘗試？就看我們如何的玩了。

（中國語文四九九、五〇〇期、一九九九年一、二月）

二、藝　術

線條可以畫出輪廓，遠近可以畫出距離，明暗可以畫出形體，色彩可以畫出質感。不管具體的事物或抽象的心理，不論細膩的描摹或粗獷的鉤勒，都能藉著畫筆，淋漓盡致的表現在畫幅之上。這些繪畫的原素，在文學上我們是否也屢見不鮮？

曲調可以決定格局，節奏可以左右速度，旋律可以抒發情致，和聲可以營造氣氛。如果繪畫是空間的藝術，音樂則是時間的藝術，因爲藉著音的長短與調的快慢，景物可以融入音樂的時間之流，且在時間之流裡流出人類深刻的情思。這些音樂的因子，在文學上我們是否也覺得頗爲熟悉？

材料可以捏塑風格，技法可以雕出形貌，骨架可以確定主體，佩飾可以展露巧思。雕於平面的藝術，已在繪畫之外別具情味；至於塑的藝術，則從紙面站了起來，而且早已站出自己的一片天空了。這些雕塑的原理，在文學上我們是否也每天都在使用？

繪畫平面的二度空間，如果加上一些立體的觀念，馬上可以具有雕塑的三度空間。雕塑如果加上一些作者的冥想，馬上可以具有音樂一般的情境。繪畫、音樂與雕塑，甚至其他的藝術，在各自的領域之內，似乎專業而又獨立，但從創作基本的道理來說，不但彼此都有或多或少的共同點，而且看似歧異的表現手法，其實卻能相互的援用。因此從事文學寫作的人，在學習作文技巧的同時，似乎也應旁涉一些藝術的概念，才能擴大文學創作的領域，而寫出具有其他藝術特質的文學作品。

就雕塑而言，採用不同的材質，從正面或側面觀察，以服飾或配件凸顯主體，或在舊材料中加入新的想像，都能雕出令人觀止的作品。就繪畫而言，採用背景烘襯主景，以對照的手法分出輕重，從立體或平面的角度構圖，或在類似的主題上表現自己的想法，都能畫出足以代表當代的作品。就音樂而言，採用快慢有別的曲式，填入高昂或輕柔的旋律，配合急促或舒緩的節奏，或以詠嘆、輪唱的方式唱出情感，都能譜成一支優美的曲子。至於文學，作者可以躲在人物的背後，表達自己的好惡；可以在既有的故事之中，加入自己的想像；可以走入文中的情境，而說出吻合該情境的話語；只要合於情理，甚至可以馳騁一己的思緒，寫出既誇張又能令人拍案叫絕的好作品。

各種藝術之間，本有難以踰越的限制；但既然叫做藝術，既然都是表現人間事物的美與好，就有可以彼此互通的基本道理。所以從事創作的人，可以從雕塑學習文學欠缺的立體與表情，可以從繪畫學習文學疏忽的空間與色彩，可以從音樂學習文學陌生的節奏與速度，把雕塑、繪畫，甚至音樂特殊的表現手法，融入文學創作的領域之內，使文字的藝術也能具有立體、空間與節奏的美感，使文字更能抒發出你我的情與感。

其二

文學是文字的藝術，與一般所稱的藝術雖有距離，但卻可以相融。因此巧奪天工的雕塑、意境優雅的畫作與雄偉壯闊的建築，深深感動內在的心田時，我們常會不由自主的拿起筆來，想把立體或色彩的作品捕捉下來，寫成一篇平面的文章。這種衝動，出自於人心對於美的共鳴；這種做法，正是文學對於藝術最直接的模仿，也是文學與藝術可以相融的理由之一。

不管是具體的或抽象的，不論是經驗的或耳聞的，廣從各個角度取材，藉以充實文學或藝術表現的內涵，這是無庸置疑的。因此在不同的藝術上，孟德爾頌曾取莎士比亞「仲夏夜之夢」的戲劇，譜成序曲與劇樂；考芙曼曾以古典感傷的筆觸，畫出希臘諸多的神話。在相同的藝術上，有同以「羅密歐與茱麗葉」爲題的柴可夫斯基幻想序曲與蒲羅高菲夫的舞劇音樂，有同以打獵爲題的皮耶賀・德・柯爾敦獵裝的維納斯與保羅・布利爾的獵鹿。單項藝術與藝術之間彼此可以相融，由此可見一斑。

有些相沿已久的傳說，雖有豐富的故事，但人物的輪廓卻無從得知；有些人們創造的神話，雖有曲折的情節，但人物的形象卻不可捉摸。因此有人以繪畫描繪其人的形貌，如安瑞・華鐸月神黛安娜的入浴；有人以雕塑刻出其物的外觀，如羅丹的地獄門。月神黛安娜取自希臘羅馬的神話，地獄門則取自但丁的神曲，他們已爲本來虛無的傳說人物，創造出具體可感的形象，使世人認同、且限定此一人物的外貌，使文學對於類似人物的描寫，有了特定的對象而不再猶疑。藝術從文學作品取材，文學再以藝術創造的形體繼續創作，文學與藝術的關係，有時實在難分難解。

畫家用明暗表現獨特的視野，文學則以明示或暗寓的方式敍其主題；雕塑用線條表現個人的想法，文學則以輕筆或重筆鉤勒適當的情境；樂者用節奏表現一己的情志，文學則以舒緩的長句或急促的短語配合情節的發展。這些本與文學有別的藝術技巧，卻在文學作品中屢見不鮮。甚至在文學作品的情境裡，也常以宏偉的建築做爲背景敍述故事，以柔美的樂曲襯托應有的氣氛，或以名畫寫出一段辛酸的血淚。我們實在無法將文字的文學，從藝術的範疇之中獨立出來，因爲藝術與藝術之間、藝術與文學之間，彼此在相融之中，展現各自更爲曠闊的天地，這是人類文明得以更豐盛、更進步的主因。

安徒生的美人魚膾炙人口之後，美人魚的雕塑才在丹麥供人瞻仰；達文西蒙娜麗莎的微笑成畫之後，探討她神祕微笑的文章，才一篇一篇的問世；史麥塔納我的祖國演奏之後，世人才再一次體會到波希米亞草原的優美。同以「四季」爲題的作品，有韋瓦第的小提琴協奏曲，有十九世紀陶塑而成的春神、夏神、秋神、冬神（佚名、現收藏於奇美美術館），也有翁森四時讀書樂的樂府詩。也許文學與一般所稱的藝術有段距離，但文學與藝術的確有其共通的特質。

（中國語文四九五、四九六期、一九九八年九、十月）

三、人文

經過長期的孕育之後，人類逐漸脫去野蠻的外衣，從飽食煖衣的動物性質，形成具有文化內涵的文明。隨著不同的生活習慣、文化進化紛歧的情形，各地各有獨特的風貌，各地各有思考表達的系統。於是人類由野蠻的共性，蛻變而成各異其趣的殊性；更以其殊性形成了各自堅持、彼此陌生的文化特質。

因爲文明演進的速度與注重的方向不同，而使文化有了多樣的面貌，本是一件可喜的事情。但在多樣可喜的背後，卻隱藏著互不尊重、甚至因隔閡而產生諸多的誤解。如果人人關起門來，認爲自己的文化最好；只拿自己最好的一面，去與別人較弱的一面相比，除了自大愚蠢之外，還有什麼意義可言？我們有幸處在文明高度發達、文化可以迅速交流之際，理應打破本位的思考主義，放眼望向燦爛多姿的世界，才能做個名符其實的文明人。

認識自己的文化，當然重要；但除了認識自己的文化之外，更應瞭解另類的文明。如果試圖僅以一己的文化背景，詮釋不同地域所有的情事，不但不能得到正確的判斷，而且還會貽人笑柄。所以林文月遊覽落磯山脈之後，於讚嘆之餘，在〈路易絲湖以南〉一文中寫道「謹此贈與一外號：加拿大龍脊山」。殊不知龍在東方，固然吉祥；但在歐美，卻是邪惡的代名詞。華格納尼貝龍指環一劇中，甚至把龍視爲貪婪與罪惡的象徵。林氏如此形容，善意的讚美頓時成了無心的毀謗，這是由於文化認知的差異所致。

不同的文化背景，對於事物各有各的認知，各有各的思考系統。除非我們願意老死在熟悉的土地上，一輩子不想與外國接觸，否則我們就應認知更多的文化。尤其在不同的情境之中，就應使用適合當地情境的認知去瞭解事物，不能一味的以不變的一套，解釋不同人文背景的東西。所以〈路易絲湖以南〉一文中，「於眾山崢嶸的遠方，更有一峰突起。形如著一頂葛巾的側首，雖然眉目鼻樑等五官模糊，但那桀驁又落寞的神情，分明非太白莫屬」；心中存著古老的記憶，並無不可；但在加拿大的落磯山脈上，仍以既有的認知，強行加在人文殊絕的景物之上，是不是也太牽強了些？在自然的景物裡，還會、還要想到李白，是不是也玩得太沉重了些？

在不同的人文背景上，使用自己僅有的一套認知看待事物，只能在認知所及的小範圍內自我臆造，不但無法看得真切，而且還會陷入偏執與禁錮之中，無法體會更新、更美的文明。如今的文化，不但有東西兩方的差異，而且還有東方、西方各地各自不同的差異。面對如此紛繁的現象，我們所能做的，只有尊重與學習。也許我們無法知曉各地不同的文化，但至少也應認知我們有意或必須接觸的文明，才能以另類的方式思考，而做適切的表達。

從前，東西兩方各有一條河流，兩條河流各有險阻湍急的河段。在中國的長江，人們「常聞峽中水急，書記及口傳悉以臨懼相戒，曾無稱有山水之美也」。但在德國的萊茵河，人們卻以橫梗水中的巨石之上，有位金髮的美女，每天唱著醉人的歌曲，船人因爲傾聽入神而舟毀人亡，編成一首動聽的民謠——羅列來。不同的人文，不但產生不同的文化，而且更在文學、藝術與科學之上，表現出各自不同的造詣。對於如此多樣的人文特質，我們只能尊重，我們只能學習！

其二

用音樂的符號表達情感的經驗或心理的狀態，在西方有結構嚴謹、形式多樣的複雜曲式；東方則以單一的歌曲為主。用繪畫描寫特殊的視見或一地的景物，在西方有注重遠近、光線、輪廓的素描、水彩與油畫；東方則以樸素的水墨為主。用文字敍述情感的起伏與深刻的感受，在西方有發展甚早、為數可觀的純詩文、小說與戲劇；東方則在敍述之中，往往含有道德與教化的成分。

東方的音樂以單一的歌曲為主，每首歌曲又以旋律為其主體，看似單調，但卻足以表達東方人的情感。東方的繪畫以樸素的水墨為主，每幅水墨向以寫意為其主體，重視遠近、光線的作品不多，但卻足以描寫東方人視覺上的經驗。東方的文學含有道德與教化的成分，文中往往老氣橫秋，但卻足以滿足東方人情志上的需求。因為人文的背景不同，精神層面的要求互異，因此表現在藝術上的作品當然有別。

如今，由於東西兩方迅速的交流，本來各自獨立的文化系統，也因日益密切的交流而到處漫溢。但因各國人文的產生有其歷史背景，有其生活習性，有其不同的思考模式，所以西方於其文化背景之下產生的觀念，移到東方社會之後，乍看之下，並無二致；但待仔細推察，則知內質已經有了或多或少的改變。東方本來稀鬆平常的看法，由於西方社會不解陌生的文化，可能會被奉為玄妙的哲理。所以英國莎士比亞的戲劇作品，傳到東方之後，讀者多以故事的情節為主，很少揣摩莎翁文學表達的技巧與塑造人物典型的手法，甚至連書中詼諧的場景也無法體會。

東西兩方使用不同的文字，必須透過翻譯，才能彼此瞭解。因爲翻譯，所以又在原來陌生的觀念上，蒙上一層隔閡的白紗。翻譯加上殊異的文化，於是東西兩方在忠實的認知之外，還有更多不當的鄙視與讚美。所以印度釋迦牟尼當眾講述的道理，一旦譯成佛經傳入中國之後，中國人民因爲語譯的隔閡，因爲人文背景的懸異，而使印度本來深入淺出、眾人都能瞭解的道理（否則釋氏如何當眾講述），馬上被部分人士渲染而成玄學、玄理，更因此形成一個獨特的學門，叫做禪學；甚至加入宋明學術之中，與儒、道並列，而形成宋學主流的理學。究其源頭，中國人口中所謂的禪學，只不過是釋迦牟尼當時在印度傳教時，告知眾人、眾人都能瞭解的普通道德罷了。

如果純就文學創作的觀點來看人文，則有兩派截然不同的說法：一派以爲正因文化背景與時空上的差異，所以作者只要忠實記寫當地特殊的人文情境即可，不必探出頭來觀看別人的文化。另一派則主張不能單以一己、一地的情境爲其背景，必須超越時空的限制，而寫出具有普遍情感的文章。前者著眼在文學的殊性，但卻忽略了文學賴以活命的情感——同情（與所有人類同其情感）。後者雖然少了地域的殊性，但卻與人同其情感，使不同時空的讀者，都能透過文字的表達，而得到同樣的感動（當然需要假借信實的翻譯）。兩者雖然都有欠缺，但其作品的優劣卻已高下立判。

人的情感本來相近，但人表達情感的方式，卻因人文的不同而有顯著的差異。如果只憑一己、一地偏狹的認知，而企圖創作屬於不同文化背景的作品，當然會有一定的障礙。所以身爲現代文明人的作者，在運筆創作之前，必須首先認知差異的文化背景，並將差異的文化背景化爲共性的普遍情感，才能避免因人文上的差異，而產生諸多不必要的笑話。

（中國語文四八五、四八六期、一九九七年十一、十二月）

四、語　言

行文必須構想，說話必須組織；不管有意或無意，不論行文或說話，只要表達，就得運用思考。刻意的思考，可以因爲巧心的經營，而完成篇篇優美的作品；熟練、甚至狀似無心的思考，也可以隨時隨地說出恰如其分的話來。

說話就是思考；不同的語言，有不同的思維模式。因此學習一種語言，不能只是發其音標，學其皮毛，還得分析該種語言的組織結構，學習該種語言的表達方式，進而運用該種語言的整體系統思考，才能說或寫出像樣的該種語文。

因爲說話就得思考；相同的語言，可能因爲時空的轉易，而呈現明顯紛歧的情形。所以不管喜不喜歡，人們爲了適應當前的生活，爲了配合環境的思維方式，語言在「約定俗成」的認同之下，正一點一滴的變，變得人不知，鬼不覺；待人們回過頭來檢驗時，語言早以另樣的風采蛻化了，今人的思維又和前人的方式不同了。

透過思考的語言，在「約定俗成」的前提之下，雖然隨時在變，但卻變得極爲緩慢；因此同一時空、或相距不遠的人們，往往會以慣性的思維方式思考，並以一定的表達方式抒陳。用習以爲常或自然而然的方式表現，乍看之下，似乎天經地義；但對語言本身來說，卻是一種絕大的限制！因爲習慣，只須運用一套人人熟知的表達方法，就可以彼此溝通了，還有誰會想到其他的方法？因爲慣性，對待人事或觀察景物的態度相同，還有誰能看到「常態」之外的另一面呢？

自然而然、每天運用相同的模式思考，若不經意、隨時講出同質、同疇的話語，將使思考的能力鈍化，使表達的語言窄化。思考的能力鈍化之後，不管待人或處事、觀察或演繹推理，都只能循著一定的軌跡，而不敢大膽的伸出觸角；表達的語言窄化以後，不管描寫或記敍、自然或人文景觀，都只能按照「自然」、「安全」的態度鋪寫，只寫一地、一時所能認知的景物，無法超越時、空的限制，而寫出可長可久的作品來。

有人說：「文學必須反映現責。」反映現實只是文學基本的能力，文學除了記實之外，更應融入人類普遍的情感，才能感動遠近的人心。也有人說：「東方有東方的描寫方法，西方有西方的描寫方式。」乍聽之下，好像可以理直氣壯的認爲：

因爲文字的不同，描寫的筆法當然有別。事實上，這只是推託之辭。因爲東西兩方的描寫方式不同，是由於兩者思維的模式有別；既然思維的模式有別，就得嘗試彼此的思考方法，不能一味的自我吹捧，或一味的醜化別人，使自己陷入無知與自大的偏執之中，而不能自拔。

語言由於思維的差異、時空的不同而各有其適用的背景。所以中古時代的文言文，言簡而意賅，但在今天看來，就會覺得不夠細膩。外國的景物有外國獨特的風貌，如果使用漢語來描寫，可能無法寫出神韻，而且還會顯得格格不入。所以蘇軾〈赤壁賦〉：「惟江上之清風，與山間之明月；耳得之而爲聲，目遇之而成色」一語，曾經得到多少世人的讚美，但以語體文所展現的特質來寫，卻可以把此一意念寫得更爲具體，更爲細緻。英國詩人 **Lord Tennyson** 的 **The Eagle** 詩：「**The wrinkled sea beneath him crawls**」（縐縐的海在鷹的下面爬行著）一語，無論意象或描寫的手法，都是漢語文白話裡所沒有的；這在在顯示出語言各有其適用的時空與背景，各有其限制與未盡之處。

以文言文來寫現代的景物，無法寫出語體文般的平易與細膩；以漢語來寫外國的景物，只能寫出漢語式的景物，無法描摹外國人文或景物特殊的精神與風貌，這是因爲語言的思考有其固定性，語言的使用有其習慣性。語言因爲慣性而自我設限，而限制了思考的幅度；所以觀賞景物時，只能看到古往今來眾人熟知的一面；寫起文章，只能採取歷來相傳的寫法。偶而有人稍微探出頭來，稍微走出此一範疇，人們就會驚爲膾炙人口之作，這都是由於不能設身處境或超越時空的關係。

真正的好作品，必須突破慣性的障礙，熟悉另種語言思考的模式而拓其思幅；必須超越時空的限制，以今人的語言敍述古代無法抒陳的情志，以外國的描寫方法突破漢語難以刻畫的景物，才能寫出感動人心的詩文。

其二

宋玉風賦曾有「快哉此風，寡人所與庶人共者邪」之語，北宋蘇軾根據此語，將張夢得築於黃州的亭子，命名爲「快哉亭」，其弟蘇轍並爲張氏寫了〈快哉亭記〉一文。到了清帝國時，金聖嘆更以「快哉」爲名，擴大而爲三十三不亦快哉，以抒其胸懷。從宋玉的「快哉」到金聖嘆的「三十三不亦快哉」，充分顯示出語言在使用上的沿襲性；因爲習慣而沿襲，因爲習慣而自我設限，因爲自我設限而使該種語言在敍事或描景上的用詞窄化了。

柳宗元〈始得西山宴遊記〉曾有「悠悠乎與浩氣俱，而莫得其涯；洋洋乎與造物者遊，而不知其所窮」一語。到了北宋，蘇軾〈赤壁賦〉一文據此模仿而成「浩浩乎如馮虛御風，而不知其所止；飄飄乎如遺世獨立，羽化而登仙」，以敍其感受。唐宋相去何嘗不遠，但因同一語族運用相同的方式思考，所以常會習以爲常的說出固定範疇、且自認爲最保險的語言，語言的窄化也就無法避免了。

北魏酈道元的〈水經注〉，世人譽爲千古不朽之作，連柳宗元的遊記也無法出其左右。但就〈江水注〉一文看來，則知慣性的語言使用，還是屢見不鮮：描寫山的高峻，則有「重巖疊嶂」，隱天蔽日；兩岸「重巖疊起」；兩岸「高山重嶂」；其「疊崿秀峰」，奇構異形諸語。描寫山在雲層之外，則有「其間遠望，勢交嶺表」；「林木蕭森，離離蔚蔚，乃在霞氣之表」諸語。描寫山的峭直，則有「自非亭午夜分，不見曦月」；「非日中月半，不見日月」諸語。號稱寫景名作的〈水經注〉，單在江水注一文之中，就有如許多重複且相近的描景語言，這不是語言因慣性使用而窄化的例證嗎？

臺灣海峽兩岸分隔五十年之後，不但在政治上形成兩個主權各自獨立的國家，在語言的使用上，也造成了兩套截然不同的系統：中國以漢字拼音，臺灣則以ㄅ、

ㄆ、ㄇ、ㄈ拼音；中國通行簡體字，臺灣則以繁體字爲主；中國與臺灣因思考模式的不同，各自有了自己豐富而習慣的用語。尤其在文章的寫作上，中國多以口語作文，寫起文章結構較爲鬆散；臺灣的文章則仍然有義有法。如把兩地的文章放在一起，幾乎一眼就能辨識出來；因爲兩地的文章不但結構不同，連用語的習慣也迥然而異了，這就是語言長期使用的慣性所形成的。

語言是人所造的，不同的人造出不同的語言；語言是人所使用的，不同的人種使用不同的方式思考，因而產生了不同的語言。只要有一定數量的語彙、有一套邏輯的思考模式，都可以叫做文明的語言。在各種文明的語言中，語言可以表達的範疇也許很廣，但因同一語族的人只慣性使用該種語言熟悉的一小部分，而使自己的語族或自身表達的語言，局限在固定而狹窄的範疇之中，而甘之如飴。因此漢語無法淋漓盡致表達歐美的人文或景觀；縱使勉強的表達，也只能用漢語的思考方式觀察，而寫出漢語式的作品罷了，那能透視西方景物或文明的精神？至於以歐美的語言表達他國的事物，也是如此。

人與人間溝通的語言，今與往昔薪傳的文字，有時是因使用者的遷徙而自然蔓延，有時則是政治勢力的擴張而強迫接受，兩者都是語言與文字散播的情形。如今的世界，由於文明，由於地域，更由於習慣，英文已經成爲國際通行的語言，但中國人卻夜郎自大的說：中文是未來世界的語言。如做客觀的分析，我們可以清楚的發現，只有在中國的土地上，他們才講中文；離開中國之後，則改用英文交談，連中國人自己都不講中文。中國文字的藝術性，我想無庸置疑；但經中國政府簡化之後，中文藝術的特質也蕩然無存了。具有藝術特質的中文，美則美矣，但因過於具象，過於繁複，使用起來遠遠不如英文適合資訊科學、可以千變萬化來得方便。尤其中國人只分布在中國一個完整的陸塊上，講來講去，就是中文；講的人口雖多，聲音卻傳不出去；中文想要成爲世界通行的語言，問題絕對不小！以獨尊中文的意識，從事文學性質的創作，能夠寫出真正的好作品嗎？我很懷疑！

語言進化到今天文明的程度，也許會有使用上的差異，但卻沒有絕對性的好壞。所以自詡漢語第一，那是夜郎自大；標榜英文至上，那是不合情理。唯有在既有的語言習慣上，設法突破，並熟悉另種語言的思考模式，以其模式思考，以其模式觀察，以其描寫方式融入自己據以表達的語言之中，才能成爲一個語言使用的高手！

（中國語文四八三、四八四期、一九九七年九、十月）

五、情　境

紐西蘭奧克蘭大橋下帆影點點的景色，如果用唐詩來形容，時間馬上往後倒退一千年，空間立即轉到唐帝國的洞庭與鄱陽，這是因爲不同的情境，不能老是採用相同的文體來描寫。

眼前的景物，是伴隨文明而來的風采；沒有今天的文明，景物就不是這個樣子；今天的文明如果不是這個樣子，我們觀賞景物的角度，也會隨著改變。外國的景物，是在外國人的規畫之下，才能呈現今天的風貌；如果該景不在該國，景物的外觀可能早已走樣；即使仍然同一個樣子，也會因爲受到該國人文的影響，而使觀者產生不同的感覺。

面對自然的景物，同一國度的人也會有不同的看法，但卻大同而小異；面對異國的景物，由於人文及觀念上的差異，所以雖然覺得很美，但在美中卻有程度與角度上的問題。北地的極光，是美，在挪威人看來，此美頗爲自然；但在臺灣人的眼中，早已在美裡加入了驚奇的成分。北投的磺泉，是美，在臺灣人看來，只是路旁的一景；但在新加坡人的眼前，早已成爲可敬可羨的神跡了。

今人看待景物，有今人欣賞的原則，有今人評定美與不美的標準。今人認爲美的，古人不一定欣賞，古人嘆爲觀止的，今人不一定接受。有人循著古書上的記載，按圖尋找古代所謂的美景，卻在千辛萬苦之後，發現原來不過如此爾爾。有人在讚頌之餘，勒石建園，大興土木，企圖留給後代一片美麗的奇觀；後人是否領情，還未可知，但卻已經破壞了原來的風貌。不同的時空，對美的欣賞當然會有所不同；儘管自然就是美，但在美中自有相異之處。

歷經風雨洗禮的自然，雖然無時無刻都在變化，但卻變得極爲緩慢，變得使人難以察覺；除非天候、地形遽遭驟變，或因外力的介入而破壞既有的形態，否則在十百年內，很難看出它的改變。景物雖然不變，但因人的心情、人的觀念、人的時空與人的際遇不同，而改變人們對它美與不美、美在那裡、美的價值、是何種美的評斷。因此拿起筆來描寫，我們可以採客觀的態度摹繪，也可以用主觀的認知敍述，但卻不能單憑自己的想像臆造，也不必在景語之中刻意加入道德的教化，而使景物背負作者太重的包袱，使讀者在閒暇之餘，想看一些雋永的文章時，結果讀來讀去，還是讀到偉大的字句，還是讀到義正辭嚴的教訓。

不同時空的景物，有不同時空的文體與表現的手法，所以描寫黃昏，陶潛「山氣日夕佳，飛鳥相與還」是晉宋帝國的文體，劉大白「（鳥）雙翅一翻，把斜陽掉在江上；頭白的蘆葦，也妝成一瞬的紅顏了」則是民國以後的新詩（詩的格式與字句的短長，古今不同）。描寫月夜，帕特朗「我的房間一片迷濛，月兒身著輕盈的長紗，像一位潔白的少女，凝視著我的睡眠；她還透過彩繪的玻璃，對著我微笑」是歐洲的寫法；楊喚「來了！來了！從山坡上輕輕地爬下來了。來了！來了！從椰子樹梢上輕輕的爬下來了。撒了滿天的珍珠和一個又圓又白的玉盤」則是東方的名作（建築「彩繪的玻璃」與寫法「又圓又白的玉盤」，東西不同）。只要採用當時最自然的語言，就能鋪敘當時最真切的景物，這就是文學。

時代已經改變，仍然堅持古代的文體寫作，縱能寫出出色的作品，也很難找到可以共鳴的讀者；國度本來不同，還是沿襲既有的觀念看待景物，只能寫出本國式的文章，無法贏得人類普遍的回響。今天，如有機會站在紐西蘭奧克蘭的大橋上，眺望江面上點點的帆影，您會選擇古詩、還是新詩，選擇文言、還是語體來描寫呢？

其二

改寫舊的童話，曲折原來的情節，美人魚、白雪公主馬上有了新的生命；改寫歷史人物，加入作者的想像，哥倫布、萊特兄弟馬上有了新的面貌；改寫熟悉的傳說，賦予時代的意義，雅典娜、普羅米修斯馬上有了新的故事。好的作品，可以超越時空的限制，而永遠受到人們的喜愛。但在捧讀欣賞之餘，我們也可以嘗試走入從前的時空，伸展思想的觸角，而寫出既舊且新、既典雅又新穎的作品來。

舊的題材人人耳熟能詳，所以取用舊的題材，乍看之下好像只是冷飯重炒而已。但事實上並非如此。因爲人人熟知的題材，早已得到讀者的肯定，從讀者肯定的題材上著眼，大膽馳騁想像與合理的情節，必能輕易得到讀者的注意。因此站立的維娜斯，注視你我已有數百年之久；但坐著的維娜斯，加上細緻流暢的衣服線條，也在雕塑的領域佔有重要的一席。貝多芬的傳記人人會寫，類似的出版不計其數，但羅曼羅蘭卻雜揉理想與真實的筆觸，贏得一九一五年的諾貝爾文學獎。題材的新舊雖與作品的好壞有關，但匠心獨運的構思，更是取決勝負重要的關鍵。

古往今來題材類似的作品雖然很多，但卻仍有突破的可能，只要構想不同的主題，採用適當的文體，甚至在既有的材料中裝飾一些新的手法，都能給人耳目一新的感覺。因此以牛用力拉著滿載的柴車，人匆忙在車後推著上坡，畫出暴風雨來臨之前的情境，當然傳神；但奧古斯特卻以一對男女手持一件飄飛的衣服，邊跑邊把眼睛望向遠處的天空，描繪人在暴風雨下急著躲避的情形。兩幅作品的主題雖然相同，但表現的手法卻各有巧思。至於夏天的路易絲湖，遠處的維多利亞冰山，與近處兩旁翠綠的山湖相映成趣，可以寫成一篇很好的文章。如果以湖做爲主景，描寫湖在自然與人文渲染之下的情境，誰說不是一件可口的作品呢？

從古到今文學創作使用的題材，不外乎自然的景物、人類的情愛與想像的世界。對於自然的描寫，有山、有水、有整寫、有特寫、有親身的履歷，也有幻想的神遊；對於情愛的抒陳，有愛、有恨，有單純、有多樣，有個人的感受，也有悲天憫人的情懷；對於想像的鋪敍，有真、有假，有古典、有現代，有一己的杜撰，也有由來已久的傳說。在狀似繽紛、堆滿文壇的作品裡，我們只要用心的分析，就可以得知人類據以創作的題材，其實不多；但在不多的題材中，卻因各人的才分、特殊的際遇與思考的路向，而把這些不多的主要題材，細分成數千個、甚至數萬個更小的主題；且在經過細分之後的主題上，不斷的重複，不斷的變化，不斷以更新的手法寫出具有當代色彩的作品，這是文字的張力，也是文學可以滿足人類情感重要的因素。

舊有的題材賦予新的生命，只是文學創作的方法之一，卻不是創作上乘的境界。我們除了傳承這些輝煌的成就之外，還得取用更新的題材，構思更新的手法，創作一些屬於這個時代的作品，寫出這個時空背景之下的人與事，才能與前人的努力相互輝映，才能在茫然的夜空上，綴上更多、更亮的星光。

（中國語文四九三、四九四期、一九九八年七、八月）

六、人 類

太陽的星系之外，還有其他的星系；熟悉的銀河之外，還有其他的銀河。無數的星球，循著一定的軌道運行；還有更多不安分的彗星與隕石，正以無法預知的路線，朝著我們棲息的地球襲來。地球，只是太陽星系的一員；地球之外，只是一片無垠的大氣；在大氣的最外層，又以引力與另一個不知名的星球，保持距離，遙遙相鄰。這是我們居住的地球，也是我們口中的世界。

因爲無知、因爲害怕，所以在本來只有大氣的星球上，長出許許多多的神與鬼，使我們的世界，到處充滿了人爲的神祕。於是君權神授之說橫行，政客爭相謊稱我是天命，我是天之子，只有我才能統治這塊土地。信奉神旨之教林立，又是寺僧，又是教主；不但搶奪真理，相互排擠；而且創造教義，通令信徒一律遵行。可是抬起頭來望向雲天，除了難以數計的星球，裹在層層的大氣閃閃爍爍之外，他們的神與鬼，到底躲在那裡呢？

地球的形成，是偶然；人能存在地球，更是偶然。我們如果站在大地之上，只能看到平面的視野，看到各人頭上的雲天，卻看不到立體的地表，理解不出渾圓的地球。於是你畫領土，我圍藩籬；你攻我的邊邑，我掠你的城鎮。戰爭與生俱來，廝殺無窮無盡；國與國間相互對立，人與人際彼此仇視；但卻從來沒人想過；偶然，只代表一時的僥倖，卻不保證永遠的幸運！

打開地圖，我們往往先從居住的縣市看起，然後注意州與州、國與國的交界，總是忽略自己處在圓形的球上。地球既然是圓的，理應無前無後，首尾相連，那能切成方格，甚至分爲一個一個不規則的塊形，而美其名曰：這是我的國土！於是爲了搶佔國土，各種藉口都有，各種手段都用，人們早已忘記自己的存在，只是一個奇特的偶然！

偶然形成的地球，在人爲刻意的揑造之下，產生了宗教；因爲宗教，所以增添了藝術不少的色彩。偶然存在的人類，在政治的角力之下，戰爭不斷的上演；因爲戰爭，所以豐富了文學不少的意涵。藝術除了雕塑神話、圖繪傳奇之外，更應關心每天生活的環境。文學除了記錄史實、描寫悲慘之外，還有很多人性可以抒發，很多共同的理念可以表達。偶然存在地球的人類，必須真實的面對自己，必須放棄侵略土地的野心，才能回過頭來，用心關懷生於斯、長於斯的大地，真誠敍寫出自人性的作品；讓偶然存在其他星球的「人類」，有天也能偶然欣賞來自地球表面的藝術與文學。

其二

極權封建的帝制時代，人民是王者的財產，施政聽憑個人的意志，因此有利人民的舉措，就被稱爲「德政」；加惠百姓的考慮，就被稱爲「美意」。進入民主時代之後，人民是國家的主人，施政須以民意爲依歸，民代官員只是人民的公僕，各級政府只是爲了服務他們的主人。因此政府正確的施政，只是本分；官員做好分內的事情，只是職責。可是卻有一些逢迎諂媚、甘做牛馬的人，在以民爲主的今天，仍然張口、閉口就是「美意」、就是「德政」，隨時洩漏殘存在他們心中的奴性，真是可悲！

政治採行共主、經濟來自農牧、部落組成社會、武器大半由銅鑄成的春秋時代，民智剛剛開啓，於是儒家講仁，墨者說愛，老莊談道，公孫龍則倡言名實。爲了宣揚自己的學說，爲了贏得上位的重用，於是各逞三寸不爛之舌，紛紛奔競於權貴之門。到了西漢，以儒爲主的學說開始定型，人們以「道」做爲傳統思想的代表，遇到其他的主張，就說吾「道」最好，遇到不如別人的地方，也以「道」來強加辯解。「道」是化應萬方的靈丹，也是隨時掛在嘴邊的禪語；可是，請你不要詢問「道」是什麼？因爲這些整天講「道」的人，只能告訴你：道，不能言傳！

一般人常把生活分爲精神與物質兩種，認爲東方重視精神，西方重視物質；西方的文化是表象的，東方的文化則是內在的；然後肯定的說西方膚淺的文化，不如東方來得實在。初聞這些觀點，好像有些道理，但深入的探討之後，卻發現事實並非如此。東方人強調的心靈寄託，或一再標榜的精神生活，西方人難道沒有？如果西方欠缺東方人所謂的精神生活，爲何他們的文化並不遜於東方的民族？爲何他們的文明總是遠在亞洲的國家之上？我們不要冠冕堂皇的口號，我們也不需掉弄玄虛的說辭，我們只知道如今東方的藝術、人文、政治、教育，甚至是思想，大半還在向西學習，而且還得好好的學習。如果東方人、尤其是中國人不能改掉「自己是人、外人是夷」自卑與自大雜揉而成的怪異心態，即使再經幾個世紀，仍然只是一堆不知天高地厚的埳井之蛙，對著一角藍天彼此唱和罷了！

人生而平等，享有天賦給人相同的權利，不因種族、地域而有所差別。但在東方的世界裡，獨裁的統治者卻以各種藉口，剝奪人民與生俱來的權利，拖延人民做主的時間，說什麼自由本是西方的產物，民主不適合於東方人；說什麼西方有西方式的民主，東方有東方式的人權。爲了箝制民意，採取高壓的手段；爲了控制思想，實施奴化的教育。於是國家未來的發展，在統治者想要永遠掌權的制化之下，徹徹底底的犧牲了。事實上，自由民主本是人民與生俱來的權利，凡是生而爲人，就有相同的人權，不因東方、西方而有所差別；東方人如果想要擁有真正的人權，可能還有一段遙遠的路途！

東方的世界，因爲起步的時間較晚，因爲長期處在內鬥的狀態，更因爲文明嚴重的落後，於是每天高倡國家主義。以「覆巢之下無完卵」來恐嚇人民，要求人民放棄一切的權利；以「犧牲小我，完成大我」來麻醉人民，要求人民終身爲國做牛做馬；企圖以仇視對立的世界觀，永遠控制該國的人民。可是如果我們稍做剖析，就能清楚瞭解他們所謂的「國家」，原來是指統治者；效忠國家，等於無條件服從凌駕在人民頭上的統治者。人民必須爲國效忠，本來沒有爭議；尤其國家遭到攻擊時，更應全民一心，奮勇抗敵。但此國家並不是統治者可以爲所欲爲的國家，而是屬於全體人民的國家。真正的國家，人民是主人，政府是奴僕；國家是人民的，而不是政府的。國家的走向，必須完全取決於民意；國家的政府，必須謙虛的服務人民。國家只是一個外殼，人民在此殼中除了保護的法令之外，不但不受限制，而且還能自在的施展；唯有人民能夠自由的思考，無限的施展，國家才能進入高度的文明！

中國認爲他們是由單一民族組成的國家，這個民族，叫做中華民族。中國真的是由中華民族、一個民族組合而成的嗎？十九世紀中葉，章太炎模仿西方的說法，創造了中華民族這個神話，從此以後，中國人馬上背祖忘宗，忘記自己本來叫做漢族；馬上喜新厭舊，不但要求自己叫做中華民族，而且還把中華民族強行加在其他種族的頭上。中國何止一族？中國境內的種族，至少數在五十以上。諸多不同的種族，本來不但不會妨害國家的地位，反而更能凝聚向心的動力；因此美國人民始終以美利堅合眾國爲榮，加拿大則尊重境內各族各裔的文化；只有獨裁的國家，才須以虛無的名義號召團結，以假相的口號強調同種，並粗暴的將其餘半百的種族納入這個編制之中。中國的漢人管叫自己中華民族，也寫文章發揚自己的民族大義；中國境內其他非漢族的人民，是不是也該群起而仿效呢？

有其思想，才能有其作爲；有其觀念，才能朝其方向前去。在即將進入二十一世紀的今天，我們希望東西兩方的文化，如果不能相互瞭解，至少也該相互的尊重。東西兩方的人民，能以坦率的態度、平正的立場，彼此和諧的相待；能以人權的思想、民主的觀念從事創作；使人類的心靈可以自由的展現而不再懼怕，人類的想法可以自在的飛翔而不受干擾。如此，生在地球上的人類，才能活出人的尊嚴；處於世界各地的人民，才能同享生而爲人本來就該享有的權利！

（中國語文五〇一、五〇二期、一九九九年三、四月）

七、文化

知其然而不知其所以然，只能認識事物的表象，在全盤接受與亦步亦趨的麻醉裡博通古今，卻無法獨立的思考；充滿智慧的頭腦，其實只是前人思想的運動場。只能承襲舊有的觀念，在人云亦云與迷信權威的慣性中學富五車，卻缺乏批判的能力；開口閉口都是學說，其實只是往哲今賢的觀念罷了。地球在轉，時代在變，面對日新月異的今天，我們必須睜大眼睛來看待新的事物，張開耳朵來聆聽文明的聲音；以時代的意義詮釋生命的價值，以進化的立場檢討過去的想法，使人類能在既有的文明上繼續發展，使文學能以知其然、也知其所以然的態度，寫出明辨事實、更具人性的好作品。

有人認爲自己的文化最優秀，自己的國家最進步，因此不管身處何境，不論看到何種現象，總是以自己認同的價值觀念，做爲衡量一切是非的標準；以自己慣性的思考模式，詮釋不同領域的人與事。久而久之，言行由於過度的自信而顯得輕率，文章由於過分的肯定而變得武斷。於是除了自己熟悉的一套之外，很難接受外來更新的文明；除了沿襲既有的想法之外，無法寫出斯時斯代的好作品。

有人認爲自己的文化最粗俗，自己的國家最可恥，因此只要看到其他的文明，就會一再的仰瞻；只要接觸新鮮的論點，就會欣然的全盤接受。久而久之，原被自己鄙視的文化，更無可取之處；原被自己看輕的國家，更無認同之感。處在思想與生活的矛盾之下，既難跳脫自己置身的社會，也無從體會自己嚮往的文明。於是表現在言行上的是無所適從，表現在作品裡的則是灰色與消極。

有人認爲目前的文化無法與人相比，目前的文明遠遠不如別人，因此整天抱著傳統與教條，終日言必稱先人。看到優質的文化，就說自己曾有偉大的祖先；遇到尖端的文明，就說自己的古籍早有類似的記載。一味的穿鑿附會，一味崇古抑今的結果，只知躲在已經消失的寶塔之內吹噓，只會搬出陳腐的言論訓人；於是身處二十世紀的他，在思想上是數千年前的半野蠻人，在作品上則是古人字紙堆裡討生活的乞丐。

有人認爲過去的記錄不夠顯赫，過去的文明不夠炫人，因此只講眼前的光彩，而避談從前的軌跡；只道當下的進步，而不提先人的進程；把歷史與現實橫刀截成兩段，而使文明形成一股沒有源頭的亂流。人人沉浸在進化的喜悅之中而不知其來有自，個個滿足於現狀而不想走過從前。於是舉手投足之間，盡是暴發的氣息；援筆完成的作品，則在輕浮與淺薄之間，不斷的徘徊。

如果仔細的觀察，我們不難發現還有爲數不少的人們，虛張聲勢只是爲了掩飾自己的文化不如別人，理直氣壯只是爲了移轉別人懷疑的眼光。因此時常擺著臉孔指責別人的不是，說什麼文明只是禍害；探頭探腦企圖窺視別人的隱私，說什麼傳統才能淑世。始終抱著幸災樂禍的心情而自外於現代的文明，不樂成人之美而失去參與進化的機會，如此自我禁錮的結果是落後，自我表現的作品則是表裡不一的夢囈之語。

北歐因爲氣候酷寒，生活困苦，所以孕育了悲愴的文化氣息；希臘由於景致宜人，物資充裕，所以產生了樂觀浪漫的生活態度。不同的時空，形成了不同的文化；人們在不同的文化裡適應，自然養成自以爲是的習性，對於其他的文化，可能因爲陌生而有排斥或嚮往之情。其實文化本身並無對錯可言，所有的偏差都是由於人的認知造成的。如果不能真誠的看待自己的文化，用心的欣賞別人的文明，文化與文明可能帶給人與人間更大的隔閡。

文化是人類生活的記憶，無法採用世俗的價値來衡量；文化雖然各有形貌，但卻沒有好壞之分，不能硬以自己的習性加在別人的身上。至於文明，雖能分出高下，但卻無法看到終點；所以儘管起步較早、發展較快的國家，不能、也不應歧視目前的落後者。唯有尊重各國的文化，學習更新的文明，才能帶給人與人間最大的認同與最多的和諧。

其二

傳統就是傳統，舊的就是舊的；舊的傳統可以相沿成習，可以左右思考，但卻無法逃出既有的形態與格局。所以民俗的舞蹈不管怎麼改良，還是民俗的舞蹈，絕對無法產生芭蕾的新貌；古代的毛筆不管如何改進，還是古代的毛筆，絕對不能變成鋼筆或原子筆。傳統流傳至今，有具體的風俗與文物，也有抽象的觀念與思想；不論具象或抽象，它們都是傳統，它們都是舊的東西。

舊的風俗文物，人們知道它是舊的，比較沒有爭議；但在舊的觀念與思想上，人們明明知道它是舊的，卻不希望它們走入歷史，硬要說是歷久彌新，硬要它們仍然留在文明的社會裡，並每天箝制著現代人類的思考。我們可以承認，有很多舊的道德可以繼續遵行，有不少舊的精神可以淨化人心；除此而外，卻有更多舊的觀念已經不能適應今天的社會，不能拿來做爲價值判斷的標準。隨時拿著舊觀念思考的人，我想只是一群穿著時髦服飾的半野蠻人罷了。

我們不難看到有人因爲懷舊而使用從前的傢俱，說是古色古香；有人因爲念舊而揣摩前人的想法，說是古道可風。因爲懷舊而過著古式的生活，這是他的權利，誰也無權加以干涉；但因念舊而自甘退化，自願重拾農業社會的價值，然後閉起眼睛，大聲疾呼世風日下，人心不古；文明一無可取，創造只是禍害。這些整天只會抱怨的人，大概從來沒有想過，他們身上所穿的、日常所用的、學習所得的、思考所做的全是現代的文明，全是整體人類歷經數千、數萬年來，一點一滴努力累積的成果。處在如此進步的社會裡，使用如此便捷的住行，然後歌頌陳腐的觀念，而貶抑文明的發展，不是不智，又是什麼？

不智的人希望我們言必稱先人，不要存有自己的想法，否則就是不敬，就是越軌；希望我們背誦古代的經典，不要輕視語體的作品，否則就是不通，就是沒有水準；希望我們膜拜兩、三千年前的聖人，因爲自古以來，只有那些人才能叫做人，只有那些人對人類有貢獻，也只有抱著那些人，才能讓這些不智的人安心的睡覺。我們可以引證先人的看法，只要他是對的；我們應該捧讀古代的經典，只要它是好的；我們也必須尊敬兩、三千年前的聖人，只因他曾有過貢獻。我們可以學習，我們可以仰瞻，但卻不能全盤的接受。所以先人只取有益的言論，其餘的可以摒棄在旁；經典只讀具有時代意義的作品，其餘的則應留在歷史；至於聖人，只能視爲一代的聖人，我們肯定他對當時的影響，但卻不必看做凌駕古今的聖者，不必尊爲千古以來的至聖；因爲一個時代有一個時代的聖人，每個時代都有帶動文明的先驅者；如果沒有這些先驅者，我們今天仍然停在搖頭晃腦的私塾時代，我們可能還是沿用土造的宮室、並過著茹毛飲血的生活。

有時候，這些不智的人會說：舊的傳統能夠生出新的思想；這也使人感到啼笑皆非。因爲舊的就是舊的，舊的固然可以當做新的基礎，但從舊中蛻變而出的新東西，就是新的東西，早已脫離原來的舊，而各自擁有新的生命了。所以坊間標榜的「新儒家」、「新儒學」，只是一種取巧的說法。因爲說它是新，它就不再屬於儒家與儒學，而是現代思潮的一部分；說它是舊，它就應該回到舊的價值體系之中，不能再以張冠李戴的方式，紊亂學術的是非。儒家就是儒家，儒學就是儒學，它曾有過輝煌的記錄，它也可以部分活在現代的社會裡，但卻不能加上一個「新」字，就想從此復活，就想統治二十世紀人類所有的思想。

今天，臺灣在思想上最大的問題，就是舊的文化已經不能滿足人們的需求，新的價值卻仍在建構之中，於是人們因爲文化真空而有人心浮動的情形，這本是新舊交接之際，必然產生的過程。可是居心叵測者卻乘虛而入，趁著這個空檔，企圖復辟所有舊的觀念與價值，卻又不敢明說，於是貼上「新」字而倡言守舊合理，盜用新的思想而誇稱舊的文化早已具備。這種遙奉古道而自立學派，表面推崇先人而實際自命爲祖的人，不是別有居心，又是什麼？

今天臺灣無論在思想上、文學上、經濟上或政治制度之上，不但要走出中國，走出亞洲，而且還要走入世界的舞臺。因爲民主的法治才能符合人性，自由的經濟才能促進發展，關懷的情感才能拓寫新境，奔放的思想才能活化我們的頭腦；這就是我們需要的新文化，我們據以創作的新文學！當然，只要與此精神相符，舊的東西我們也要。

（中國語文四九一、四九二期、一九九八年五、六月）

八、源 起

人類誕生在非洲的東部——東非大裂谷，遠自一千八百萬年前，才從原人猿、類人猿緩慢的開始進化。七百至五百萬年前，才與類人猿正式分歧，開始走上自己的進化之路。二百四十萬年前，東非奧杜威峽谷出現的巧人（Homo Habilis），爲了生存，才挺起腰幹，從四肢著地驕傲的成爲兩腳站立、兩手使用工具、最像現代人類的人。巧人，應該是人類最原始、最直接的祖先。一百萬年前的智人（Homo Sapiens），則已具備現代人智慧的雛型。至於人類的膚色，爲何不盡相同？這是由於兩萬年前，散居各地的人們，爲了適應環境而產生的「白膚」現象。

人從原人猿、類人猿、巧人、直立原人到智人，歷經一千八百萬年的進化，直至十到一百萬年之前，才從東非遷徙到世界各地。人類真正的祖先，應該是最像人形的猿人，或已經具備人形的巧人；但有一些蠻橫無知、自大自欺的人，將人類近兩千萬年進化的歷史事實，活生生的截斷，硬從區區的五千年前、兩千年前，拖出一位認爲可以當做自己祖先的人，要求別人認同，跟著膜拜，否則就是背離歷史，就是背祖忘宗！

這一批膜拜半路祖先的人，早已把真正的祖先——猿人或巧人抛諸腦後，甚至不予承認；好像他們目前膜拜的這位來自半路的祖先，是從石頭、從土裡憑空迸出來的一樣。於是每年每月、甚至每天不停的拜，不止的講，不斷的強調；唯恐自己不講，馬上就會被人識破；自己不強調，連自己也會忘記一般。至於人類源自東非大裂谷共同的、真正的祖先，他們早已無知的或惡意的遺忘了，這不是他們自己嘴裡所講的背祖忘宗嗎？

人，同起於一源，不該分你、分我；世界同處在地球之上，不該你爭、我奪。你以五千年前的人做爲祖先，他以兩千年前的人做爲祖先，我爲何不能以四百年前的人做爲祖先呢？五千、兩千與四百，在人類一千八百萬年漫長進化的過程裡，同樣只是難起任何作用的短暫而已。五千、兩千或四百年前的祖先，是假的祖先；因爲真正的祖先，遠在數十萬、數百萬，甚至一千八百萬年之前。

人因爲以五千、以兩千年前的人，做爲自己的祖先，來區別自己與別人的不同，於是才有所謂的民族。有了民族之後，人就從整體的人類四分五裂了。這個民族佔據東邊，那個民族佔據西邊；這塊土地應該是我的，那塊土地應該是他的；於是互相侵佔、互相攻伐、互相毀滅的戰爭，一而再、再而三的發生了。同起於一源的人類，同住在一個地球的人們，你知道你殺的人，就是你的親人嗎？你知道你破壞的土地，就是你每天所賴以生存的地球嗎？無知的人，請停止自相殘殺、自我毀滅的戰爭吧！

（孔孟月刊五三四期、二〇〇七年二月）

源起

隱去兩千萬年進化的事實
截取一段自己想要的時空
強迫認同
否則就是背祖忘宗

憑自大的、自欺的自以為是

以部落、以民族之名
停在某一個千年
標榜

然而
數十萬年前是尚未遷徙的非洲人
數百萬年前的非洲人、非非洲人是
猿人——
人真正的祖先
非背祖忘宗者
遺棄已久

九、故 鄉

出生在嘉南平原的我，早上一醒過來，就能清楚的瞧見遠從中央山脈冉冉升起的晨曦。傍晚，不甚經意的望向西邊，沉沉欲墜的斜陽，已將數十里外的天際，渲染而成一片楓紅的彩霞。從小，我在這裡生活，在這裡求學，在這裡走向我的前途。如此說來，臺南就是我的故鄉，我是臺灣人了；可是，我真的是臺灣人嗎？

相傳三百多年前，先人爲了逃難、爲了生活，爲了一些我所不知道的理由，隻身離開清帝國治下的閩南，冒險橫渡險惡的黑水溝——臺灣海峽，移來當時西拉雅平埔族人居住的西部平原，不但成了家，而且還立了業。所以早年每到固定的日子，家家戶戶都得準備上好的酒菜，一起虔誠的祭拜母系共同的祖先——阿立祖。如此說來，我是百越人、我是漢人、我是平埔族人了；可是，我真的是百越人、真的是漢人、真的是平埔族人嗎？

本來隸屬法國的荷蘭，因與西班牙聯姻，而使荷蘭隔著法國、接受西班牙的統治。荷蘭因爲不同的宗教信仰，而脫離西班牙獨立，而獨自航向廣漠的太平洋，尋找可以營商的據點，最後落腳在臺灣的南部。荷蘭及荷蘭在歐洲各國所僱的傭兵來到臺灣，依照規定必須迎娶臺灣的女子；於是荷男、臺女建立的家庭，遍布在臺南縣的新市、新化、善化、安定、佳里、麻豆等地。如今凡是捲髮、紅毛、勾鼻、戽斗、凹齒、濁眼、身材較高或膚色較白的人，體內都有荷蘭人的血液。我的父系世居佳里，我的母系世居麻豆；我的家人都有捲髮、髮色深褐、鼻樑較挺、身材較高、皮膚白皙而不易曬黑。如此說來，我是荷蘭人的後裔了；可是，我真的是荷蘭人嗎？

距今一千八百萬年前，人類才從原人猿、類人猿慢慢的進化；七百至五百萬年前，源自東非大裂谷的人類，才向類人猿揮手告別，走向自己的進化之路；二百四十萬年前，「巧人」才挺起腰幹站了起來，正式具備今人的樣子；直到十至一百萬年前，人類才從東非遷徙到世界各地。至於爲何人有白、黃、紅、黑各種皮膚，有金、褐、黃、黑各種髮色，則是兩萬年來，散居各地的人類，爲了適應環境歧異而成的「白膚現象」。原來人類真正的祖先，是起自一千八百萬年前、七百至五百萬年前的猿人，或二百四十萬年前、已具人類形貌的「巧人」。人類真正的故鄉，不是臺灣、不是中國、不是荷蘭，而是非洲東部的東非大裂谷！

曾經擁有半個地球的英國，境內有英格蘭人、有蘇格蘭人、有愛爾蘭人；如將歷史推得更遠，則今天身處英國的人民，體內不但有盎格魯撒克遜的血液，而且還有來自法國的諾曼第、來自羅馬的義大利、來自北歐諸多的血液。至於地處亞洲的中國，不但早在春秋之前，漢人即與玁狁、與「夷狄」、與非其族類的胡人通婚；胡人更在東西晉與南北宋之間，佔據大半個中國；在元與清帝國時，統治了整個中國，普遍聯姻的情形，不待言說。所以一直住在中國的漢人，無可避免的與其胡人混血，而東移臺灣的漢人，則與當地的平埔族人混血。今天，純種的漢人也許還有，但在那裡才找得到呢？

當人們競以四百年、以兩千年、以五千年做爲他們各自的歷史，而誇誇然的自我標榜時，他們可曾想過：四百年、兩千年、五千年前的祖先，究竟來自何處？「來自何處」的那位祖先，一定還有更早的祖先。如果四百年、兩千年、五千年前的那一位祖先，可以視爲他們的始祖；這一位並非迸自石頭的「始祖」的父親、的祖父、的曾祖父，又是什麼？既然還有父親、還有祖父、還有曾祖父，這一位被視爲「始祖」的人，真的可以叫做「始」祖嗎？當人們因捧讀崔顥的黃鶴樓「日暮鄉關何處是？煙波江上使人愁」而流連徘徊，而遠眺思鄉時，他們可曾想過：移居此一「鄉關」之前的鄉關，究在何處？移居「鄉關」之前更早的鄉關，又在那裡呢？

如果人類無法認同一千八百萬年前的野蠻，不能回到孕我、長我、進化我真正的故鄉——東非大裂谷，那麼不管是臺灣、是中國、或是荷蘭，都只是我們遠離真正的故鄉——東非大裂谷之後的漂泊之地，我們怎能把它視為故鄉呢？如果我把臺灣、你把中國、他把荷蘭當做自己的故鄉，讀到崔顥的黃鶴樓時，就會興起一股思鄉的情懷，那麼為何不把同樣是遠離真正的故鄉——東非大裂谷之後，目前漂泊所在的地方，直接視為自己的故鄉呢？人類之所以會有紛擾、有掠奪、有戰爭，是因為我把自己當做臺灣人、你把自己當做中國人、他把自己當做荷蘭人，而忘記不管是我、是你、或是他，凡是可以叫做「人」、或自己承認是「人」的人類，都是源自一千八百萬年前、來自東非大裂谷的一家人！

向陽在立場的詩裡說：「你問我立場，沉默地／我望著天空的飛鳥而拒絕／答腔，在人群中我們一樣／呼吸空氣，喜樂或者哀傷／站著，且在同一塊土地上」、「不一樣的是眼光，我們／同時目睹馬路兩旁，眾多／腳步來來往往。如果忘掉／不同路向，我會答覆你／人類雙腳所踏，都是故鄉」。雙腳所踏，就是故鄉；如果你不將目前所站的土地，當做故鄉，我可以清楚的告訴你：你的故鄉不是臺灣、不是中國、不是荷蘭，而在東非！

（中國語文六二二期、二〇〇九年四月）

原　鄉

背著背叛的罪名
驕傲的挺起胸膛
兩腳站立
從此
故鄉愈來愈遠

偶而
向心底深處的森林
凝視
卻無法喚回
昔日的認同

十、經　驗

聰明的人，把別人的經驗化爲知識，以歷史爲鑑，以前車爲鑑，因此得以避免重蹈覆轍。平凡的人，必須親自經歷之後，才能以痛苦的遭遇，證明別人告知的經驗。至於愚笨的人，漠視別人的警告，荒忽自己的經驗，而始終重演過往的歷史。真正聰明的人太少，愚笨的人也不算多；因此以經驗寫成文學作品，以惕勉後人，也就顯得有些意義了。

經驗，就是生活，就是文明，就是人類得以綿延不絕的憑藉。因此以經驗惕勉後人，可以嚴肅；但嚴肅不是說教，說教則容易引起反感。可以輕鬆，但輕鬆不是故事，故事則時常被人忽略。可以全面，但全面不是報導，報導則不具文學趣味。可以部分，但部分不是枝節，枝節則無法掌握關鍵。不同的人有不同的際遇，不同的時代有不同的情境，把個人處身社會的經驗，或把當代世人共同的記憶，以文學的形貌，以行文的技巧，深刻而鮮明的寫成作品，正是留下個人見證、提升人類文明的方法之一。

個人的經驗，如果人人都曾有過，則須在平凡之中敍其不凡，或以出奇的筆法鋪寫；如果只在自己的身上發生，則須詳敍始末，並以讀者可以理解的方式敷陳。共同的經驗，因爲是同一時代、同一地區共同的遭遇，記敍此一經驗的作者也許不只一個，所以唯有更翔實的描寫，才能使讀者窺其全貌；或以更獨特的眼光，看最特殊的景象，而寫出深得人心的作品。個人的經驗應該避免主觀，共同的經驗則在寫實之外，還得加入細心的觀察或敏銳的反應，才能在眾多的作品之中出類拔萃。

經驗，可以是創作的題材，而直接寫在紙面之上；也可以當做背景，而襯托主題的情境。化做創作的題材，因爲直接，因爲涉及事實的經過，所以須在諸多的頭緒中整出理路，才能寫得有條不紊；須與事實保持適當的距離，才能避免激情而有所偏袒；才能分隔報導與文學的界限，而寫出創作性的作品。如果只是背景，則應注意是否能與文境一致，是否能在文章的主題之外，照顧此一經驗，而使此一經驗在這主題之下，也能鮮明而又具體的表現出來。

口耳轉述的傳說，有些是幻想，有些則是經驗，只是經驗早已成爲常識；年代已久的故事，有些是想像，有些則是事實，只是事實已經成了歷史。我們每天的生活，總在不知不覺中遵循既有的習慣，總在自然而然裡沿襲一定的思考。因爲習慣，因爲沿襲，所以從前先人百般嘗試、一點一滴累聚而成的經驗，我們把它視爲當然而不知珍惜；更把我們自身的經驗，當做個人的際遇，而未能以文學、以哲學、以科學、以美學的形式記寫下來。如果我們得過且過的生活，未能關心自然的環境、未能關懷共生共存的同類，我們在地球之上，還能擁有多少美好的歲月呢？

從出生到成年，雖然只有短短的二十年，但人卻已經重複從原始到文明數萬年的歷程，這是無形的經驗。眼睛所見、耳朵所聽、心裡所感、思緒所想的活動，則是有形的經驗。不管有形或無形、不論個人或共同的經驗，我們必須運用創作的技巧，加入文學的美感，使經驗成爲你我生活的記錄，成爲文學優美的作品；如此，人類爲了經驗所付出的代價，才算值得！

其二

臺灣處於地震帶上，臺灣曾經有過規模七級以上的地震，但卻很少有人理會隨時可能變動的地殼，也不在乎是否具有防震的準備。因此一九九九年九月二十一日，位於南投境內的車籠埔斷層異位時，地表隆起，房屋倒塌，死傷無數，求救的聲音此起彼落。這是臺灣百年以來最大的災難，也為臺灣人狠狠的上了一課。

臺灣既然位處地震帶上，時常發生大大小小的地震，理應會有大量描寫地震的作品。但打開臺灣的文學一看，不僅關於地震的詩文付之闕如，就連相關的作品，也很難覓其蹤影。這種漠視環境、不管自身安危的做法，委屬令人不解；忽略生活、不顧身處何地的態度，更是世上少見。難怪臺灣的文學作品，不但沒有地震，沒有颱風，也沒有生民奮鬥的歷程；身為臺灣子民的我們，是不是應該張開眼來，正視我們每天接觸的環境呢？

有其經驗，才能寫出真實的感受；有其遭遇，才能再現當時的情境。經驗，在文學創作的題材中，本有無可取代的地位。因此親身的經歷，是經驗；心路的歷程，是經驗；眺望的視覺，是經驗；甚至口耳相傳的記憶，也是經驗的一種。凡有知覺，就有經驗；凡有經驗，就在意識之中形成常識。經驗隨時隨地都有；從經驗取得的常識，雖然不如學自書本的知識嚴謹，卻是人類得以活命、得以綿延不絕重要的憑藉。因此以經驗做為題材從事創作，才能在口耳相傳之外，正式、且可靠的保存下來。

海頓的驚愕交響曲，記錄了當時王公貴族不解音樂、不重音樂卻附會風雅的情形。約翰・康斯泰堡暴風雨逼近的威茅斯海灣，將威茅斯海灣上空，暴風雨即將來臨的景象，直接捕捉在畫布之上。奧古斯特・巴薩羅的自由女神，不但敍述亞美利加脫離大不列顛的歷史，更把美國自由、民主的立國精神，詮釋無遺。至於大仲馬的《基度山恩仇記》，則以當時的法國為其背景，詳細描寫巴士底獄及其同期的社會；雖然只是小說，卻也頗具時代的意義。他們以現實為題材，把特殊的情景或事件攞入作品之中，不但表達了個人的情感，而且也寫下了此一時空真實的情形，做為後人鑑戒與應變的參考；使文學在美的欣賞之外，也提醒人們該如何過活，才能活得更好，才能活出為人的尊嚴。

反映時代、記寫生活，本是文學不可或缺的因素。處於此時此境，面對驟然而來的異象，無動於衷，不能從事創作；遇到突如其來的事情，漠不關心，無法寫出佳妙的詩文。因此越關心現實的人，越能找到題材；越深入生活的人，越能寫出細膩的文章。如能將眼前所見、親身所歷的情景，化為創作的素材，經過沉澱之後，再以與世人同其情感的態度鋪陳，就能寫出其時其地的篇章，就能完成超越時空的作品。

當然，文學的題材可以想像，也可以真實；可以抽象，也可以具體。以想像為其題材，多少仍然含有生活的影子；以現實為其題材，則應透過文學一定的形貌，否則只能視為報導，而非文學。經驗，是文學創作的因子，但臺灣處在地震與颱風的威脅之下，卻產生不了此類背景的好作品，實在有些奇怪。地震的能量雖然釋出了，還會再聚；颱風的裙襬雖然飄走了，還會再來。身為臺灣子民的我們，是不是也該拿起筆來，以創作嚴謹的態度，寫寫我們親身的經驗呢？

（中國語文五〇九、五一〇期，一九九九年十一、十二月）

十一、描寫

因爲緯度的高低不同，所以在一樣的季節裡，景物卻已各異其趣；因爲晨昏的陰晴不定，所以在相同的土地上，景物卻有顯著的差別。景物由於時空的轉換，由於明暗的交替，由於欣賞的角度，更由於人的心情而瞬息萬變，而風情萬種。因此面對景物而想拿起筆來描摹時，就得捕捉共相之下的殊景，才能顯出當地的風貌；就須特寫常態之下的殊相，才能表現作者卓越的眼力。

同樣是風，在春天可以拂人臉頰，在冬季卻刺人肌骨；同樣是雪，在高處則隨勢皚皚，冰冷峻峭，在平原卻銀色一片，輕軟柔細。相同的景象，因爲時間的差異，形成了不同的景觀；相同的山水，因爲空間的轉移，而各有各的趣味。所以橫亙北美的落磯山脈，在加拿大、在美國、在墨西哥的景觀，粗覽似乎無別，但待仔細的玩賞，則有絕大的不同。貫穿歐陸的萊茵河，在瑞士、在德國、在荷蘭沿岸的風貌似乎相近，但各個河段卻有各自的特色。尤其加上時間與人文的因素之後，相同地點的景物，自有不同的景觀；同屬一脈的山水，各有區段的景致；描摹時必須多做觀察，才能曲盡該地風物的妙處，才能在同脈的山水之中，寫出界限分明、區段各具其景的作品。

面對一樣的景，有人懷著輕鬆的心情，恣意的品鑑；有人卻以無比嚴肅的態度，又是瞻仰，又是聯想，又是膜拜。面對一樣的物，有人只是感受美的經驗；有人卻在道德教化裡徘徊，又是修身，又是經世，又是濟民。欣賞景物，本來就是一件愉快的事情，除了美的感受之外，不必加入太多道德的成分；除了美的聯想之外，不必慮及太多教化的思想。所以看來看去，總是看到古聖先賢；寫來寫去，總是不離載道的領域，怎能看到美的事物？怎能寫出引人入勝的作品呢？

有人描寫景物，不管地點，不管時間，甚至不論是否身歷其境，從無二致。寫山則重嶺疊嶂，寫海則浩瀚無邊，寫水則澎湃洶湧，寫樹則蓊蓊鬱鬱；殊不知山在早晨氣象萬千，海在黃昏斜暉脈脈，水在秋際潺潺湲湲，樹在春時初著嫩芽。以固定的模式想當然耳，景物只有一種輪廓，無法寫出多彩多姿的世界；以不變的思考規範景物，只能看到自己腦中的形象，無法實地注視生意盎然的大地。這種描寫的方法，只是閉門造車，只是八股作文，並非景物描寫真正的作法。

也許景物變化多端，作者臨賞時目不暇給；但待整理思緒，想要好好描繪一番時，由於長年寫作的習慣，致使行文的筆法始終拘泥；或因限於本身的才力，而使造句遣詞了無新意，所以不能暢所欲言，不能寫出自己想寫的樣子。因爲行文的習慣而無法具體的描寫，就得隨時提醒自己伸出觸角，勇敢嚐試各種新的作法；甚至刻意以迴異平時的作法，試著寫出自己眼前的景物；或以平時的作法完成之後，再以另樣的筆法鋪敍一篇，也能達到自我拓境的目的。至於限於才力而辭不達意，則須從頭做好基本的工作，多方閱讀相關的作品，才能寫出自己的感動，才能寫就完足的篇章。

事實上，描寫如能考慮時空的因素，就能避免一成不變的用語，而寫出繽紛多樣的色彩；如能考慮人文的因素，就能避免區段不分，而完成各具特色的作品。對於景物，我們必須忠實，不能只用心想而拒絕張開眼睛；對於描寫，我們不能只用老套而害怕伸出觸角。唯有親眼目睹的景致，才能帶來最多美的感受；惟有嚐試新的作法，才能寫出動人心田的詩文。且讓我們忠實的面對自然，並忠實的面對自己。

其二

東方的水墨畫，有山有人，有樹有鳥，景致大抵相同；好的作品固然有，但卻不多，絕大部分是未臨其境、未經目睹的想像畫。紙上想要有山，就畫一座山；山旁想要有樹，就畫一顆樹。結果作品無二無別，不知應該歸入藝術，還是打入工藝的行列。有些畫者雖不全然想像，但卻只是看書，只是臨摹別人畫上的布局；於是水墨畫的形貌大同小異，看了一幅之後，實在不想再看其他的作品。

作畫必須實地鑑賞，才能畫得真切；作文必須履歷感受，才能寫出自然的美景。只要描寫，不管是畫，還是文章，都得張開眼睛仔細的觀察，才能看出共相之中的殊景，才能看出自己特殊的角度。想像，本是文學創作不可或缺的因素，但想像有想像揮灑的空間，不能用在實景的描寫之上。也許文內可以神往，可以臥遊，但在實際運筆行文時，如果光憑想像，只能寫出想像的景物，無法完成真正描景的詩文。

東方的水墨畫，山有山的畫法，樹有樹的畫法，各種畫法筆觸一定，只要熟習這些技法，就能畫出像樣的作品。固定的技法，是水墨畫的基礎；水墨畫因爲有了這些技法，所以才能流傳至今。但因技法過於固定，加上彼此相沿成習，學者不但不敢探出頭來嘗試，而且還把新的畫法視爲異端。如此閉關自守的結果，水墨畫的畫法一成不變，水墨畫的樣子如出一轍；已經流傳千年之久的水墨畫，在其作品的表現上，不但常如一日，而且一日不如一日！

畫法必須隨時改進，畫作才能長足的進步；作法必須多方變化，讀者才會衷心的期盼。有人讀破萬卷之後，因爲自嘆弗如而不敢提筆作文。殊不知前人的作品寫得再好，畢竟已經過去了，過去的文體、過去的文法與過去的字詞，早已不合時代的描寫方式。吾人只要使用現代的語言，寫出現實的感受，就是一篇好作品，不必時時活在前人的陰影之下；何況前人的作品擺在眼前，作品本身不會自行增減，我們只要用心的構想，必能想出突破的方法。突破前人的作法之後，繼續自我突破，自我成長，誰說作文的技法不會進步？誰說後人一定不如前人呢？

東方的水墨畫，由於受到墨料的限制，色調大多偏暗，無法畫出亮麗的色彩。如在水墨畫上著上各種顏料，則又顯得過於俗豔，無法表現自然的本色。因此以水墨描摹作畫，可以運用墨色的濃淡表出景物的形貌，可以採取簡單的線條鉤勒圖中的情境，但卻無法畫出鮮明的景物：鮮藍的藍天，鮮白的白雲，鮮綠的綠葉，鮮紅的紅花；鮮得亮麗，鮮得光輝，鮮得不染絲毫的雜質。

畫的色彩必須全面，不能有所欠缺；文章的用色必須兼顧，否則無法曲盡自然的風貌。文學作品中常用的色彩，直接的鋪述有「紫藤」的「紫」、「黃麥」的「黃」，間接的敍寫有「碧綠」的「碧」、「墨黑」的「墨」，借代的描摹有「錦鱗」的「錦」、「玉斝」的「玉」，情感的用詞有「豔麗」的「豔」、「黯然」的「黯」；甚至可以把顏色轉成動詞，使顏色用詞同時含有兩種詞性，而兼具兩種詞性的特質。依照行文的需要，加入恰如其分的顏色，選用足以襯托情境的語詞，不但可以繽紛文章的色彩，而且還能把自然真實的面目，忠實的呈現在你我的眼前。

東方的水墨畫，有時只用淡淡的幾筆構圖，畫境不夠完足。圖上似有所指，但卻沒有明確的表示；似已完成，但又不知到底畫些什麼。這類的作品，畫者美其名曰神韻，但在賞者看來，卻往往一頭的霧水。一幅畫作，如果單用眼睛無法看出端倪，還要勞駕賞者費心穿鑿，想像畫者畫上幾筆之外，其餘該畫而刻意隱藏起來，藉以製造所謂「神韻」的筆觸，我想這是一件失敗的作品。畫家畢卡索的抽象畫雖然抽象，但在抽象之前，卻有堅實的素描基礎；在抽象狀似無解的線條中，不但畫境已經完足，而且畫中的意涵具體可感，如此才是抽象的本意。如果因爲草率、因爲能力不足而隨便塗鴉，那能叫做神韻？

畫作的意境必須完整，畫幅才有明確的意涵；文章的首尾必須圓合，作品才能清楚的表意。如果爲了營造餘波盪漾的效果而故意不講，或以「言語不能形容」而一筆帶過，甚至假藉別人的話語而交代了事，不但不能寫出真實的情景，而且還會給人辭不達意的感覺。在文章的敍寫上，篇有篇的收束，章有章的結尾，甚至一節、一句也都必須完足之後，才能開啓下面的文字；這是作文的基本原則，更是從事描寫負責的態度。

作畫與作文的材料雖然有別，但其態度應該相同。唯有正視描寫的景物，並改變墨守成規的慣習，才能在從前的老幹上長出新芽；才能在既有的基礎上，展現另一個描寫的新境。

（中國語文四八九、四九〇期、一九九八年三、四月）

十二、景　觀

常在古書上看到「崇山峻嶺，終年積雪不消」，好像只有在重巖疊嶂之上，才能看到皚皚無際的白雪；只有在削壁千仞的頂端，才能儲存萬年不化的冰雪。等到加拿大落磯山脈旅遊時，才知道原來雪就在道路的兩旁，雪就在觸手可及的地方；雪不但不是飄渺的幻想，而是實實在在、具體可感的畫作，這是由於緯度的高低、遠遠眺望與置身其中的差異所致。

常看古人描寫巍峨的大山，說什麼難以辭敍「疊崿秀峰，奇構異形」，好像除了峻峭的山嶺之外，其餘的山丘俱無可觀之處。等到澳洲大陸一開眼界之後，才恍然得知高山固然可以使人心生嚮往之情，但卻嫌其神聖而不可侵犯；坡度平緩、地勢不高的小丘，原來可以放牧牛羊，可以任人馳騁，可以遍灑人們歡樂的笑聲，比起一般所謂的高山，總是多了一分溫馨、多了一分可親的感覺。

在高聳入雲的山上，才能看到遍地的積雪，這是屬於某地的景觀，無法涵蓋所有雪地的情形。作者處在如此的境地裡，眼睛看的、筆下寫的，自然就是這種情景；這種情景看在不同情境的讀者眼裡，也許可以欣然神往，也許只會給人一分陌生的隔閡。在瞻仰企慕的讚頌聲裡，以險峻的高山做爲崇仰的表徵，這是熟悉的環境對人無形的薰陶，也是人把情感投在自然的景物之上，而又反射回到人身上的一種現象；但在不同情境的讀者看來，仍然必須透過一定的瞭解，否則除了疑惑之外，仍然剩下一堆無解的疑惑。

忠於耳聞目睹的景色，記寫生活周遭的風物，本是作者最基本的責任，也是一般人對作者最起碼的要求。讀者逐字逐句閱讀作者表現在紙面上的景物，進而欣賞作品中某處特殊的情景，而得知與一己生活有所差異的情境，也是一種拓展視野的方法。但作者所表現的，讀者是否能夠體會；作者與讀者對於表現在字裡行間的對象，是否真有相同的體驗，則是作者執筆鋪寫時，必須深思的問題。

讀者閱讀一篇描寫景物的文章，如果只是好奇，只是覺得有趣，當然可以輕鬆的態度欣賞。如果讀者閱讀的態度是認真的，看了該篇作品之後，可能產生一些新的想法，甚至改變對於該地原有的觀念，則須在閱讀之前查看相關的資料，或在閱讀之後實地的證實。至於作者，如果能在描景的文字中，給予必要的交代；或在字句之間跳開偏袒的心情，寫出既具地方特色、而又足以引起情境不同者的共鳴，才能不使作品局限在狹窄的地域之內，而成爲人類樂意共同擁有的文化資產。

如果作者可以到處的走動、隨興的遊覽，視野自然寬闊，寫起景物就能避免蔽於一隅，寫起人情才能掌握普遍同情（與人類同其情感）的原則，而不只是塗繪一鄉一里的街景，或只描寫一邦一國才能體會的人情。所以誇耀「崇山峻嶺，終年積雪不消」，其實只是一地之景；稱說「疊嶝秀峰，奇構異形」，其實只是一國之情；兩者在文學的領域裡，確實已經表達了斯土斯景的情感，但在不同情境的讀者看來，也許無法全面的涵蓋，仍然不能引起人類普遍的回響。

其 二

有人羨慕四季如春的氣候，有人歌頌春滿大地的愜意，幻想活在風薰日暖的環境中，過個悠閒自在的生活。四季如春的氣候，給人如痴如醉的詩情，給人如夢如幻的畫意，但在常如一日的情境裡，景物不變不化，時空不轉不移，不但少了寒來暑往、冬夏分明的景觀，更少了與時波動、多向而善感的文思。

有人希望住在沃野千里的平原裡，一覽無遺如茵的綠草；有人期盼處於平坦空曠的大地上，一望無際天地相連的景象。綠草平鋪的視野雖然悅目，但卻少了岡陵起伏的錯落；天地相連的原野雖然怡人，但卻少了林木競長的生氣。兩者都在平面的展示中，缺少立體的美感，使景物只是一成不變，使思緒只是始終停滯，而無法湧出豐沛的靈感來。

優雅恬靜的情境，對生活的品質來說，本來無庸置疑；但對文學或藝術的創作而言，卻是一種無言的傷害。因爲只有在四季分明的天候裡，才有春的溫煦、夏的暑熱、秋的朗暢與冬的祁寒；只有在岡陵起伏的地形上，才有山的突兀、丘的坡斜、地的平坦與溪的流動；才有瞬息萬變、目不暇給的景觀可以感動人心，可以蕩漾情志，而寫出各景不同、色彩繽紛的風物，與各異其趣、風格獨具的文章。

基於特定的目的，或爲了嘗試特殊的作法；不受外物的影響，不受情緒的支配，純屬意識活動的構思，或出於刻意的寫作，只是作者想要實踐某種理念、應付某種情況罷了。文學與藝術的創作，通常是被動的（被外物與情志所動），是受外物的感動與情緒的激盪，而引發寫作的意念。外物的感動愈是強烈，作者創作的意念愈是旺盛，作品內容的深度與廣度，必然得到相對程度的加強。因此在循環多變的季節中，才能看到多彩多姿的景物；往隨勢起伏的野地裡，才能帶給作者最大的感動，而寫出最有內涵的作品來。

不管秀麗或險怪的景象，都能使人得到應有的感動；但因感動的程度不同，感動的層面各異，所以因爲景物而抒寫出來的作品，在柳宗元的〈永州八記〉中，頗爲冷峻，但在袁宏道的〈晚遊六橋待月記〉裡，卻顯得格外的濃豔；這是由於人的背景與認知的差異所致。不管暖和或苦寒的景觀，都能使人得到相當的感動；但因山川氣候與作者本身不同的詮釋，所以因爲景物而完成的作品，在蘇軾〈前後赤賦〉裡，有歡樂，有肅恐，這是由於時的變化與物不同的風情而來。所以凡是足以引起創作意念的景物，必須在秀麗中呈現美的多樣輪廓，在險怪裡展出酷冷的不同風貌，才能提供作者最多的美感與寫作時最洶湧的源泉。

事實上，景物本與人的意念無關，景觀本是自然的現象。但因人有意識的欣賞，有意識的感動，有心或刻意的創作，而在作品之中表達自己文學的素養。所以志在寫作的人們，必須找尋最能激發思緒的風物，最能動盪身心的天候，才能在文學或藝術的領域中，以最成熟的技法而爭出一片屬於自己的天空。

（中國語文四八七、四八八期、一九九八年一、二月）

十三、創　作

用眼睛觀察外界的事物，用心靈體會內在的感受，用智慧判斷價值的對錯，用紙筆鋪陳真實的情感，才能避免習俗的制式規範，而寫出屬於一己的文章。試看古往今來凡是夠格稱爲作品的，那一篇不是完全的出自己意？那一本不是具有各自的風格？但在寫出獨特風格與出自己意的篇章之前，如果不事模仿而隨便塗鴉，那有日後燦爛文壇的異彩？如果不經訓練而信手胡謅，那能塑造與眾不同的風貌？

模仿，當然不對！只知一味模仿的人，永遠無法寫出像樣的作品。但模仿卻能熟練表達情志的手法；經由熟練的技巧，可以自由鋪寫心中的意念，可以自在吐訴個人的情感。「辭達而已矣」只是作文的初階而已，但想達到「辭達」的境界，卻須經由不斷的模仿。事實上，熟練的技法不但不會影響作品情感的真假，反而有助於淋漓盡致的表達。因爲作文的筆法，只是敍議情志的工具而已；如果能把工具磨得銳利，能將筆法練得準確，日後每當意有所動時，必能輕易寫出自己的感受，並深刻敍議自己的看法。唯恐模仿將會影響作品情志真僞的人，是不是也太多心了。不經訓練，只是模仿的工具，只是爲了委曲詳盡說出心中話語的工具罷了。不經訓練，縱能依照個人的方式表達，表達出來的文字也是生硬而粗糙的。如果擔心訓練會使文章內容大同小異，會使作品立意並無二致而廢棄不用，而聽任同學們在暗夜中各自的摸索，怎能克盡爲人師表的職分！怎能提振學生表達的能力！徒然要求學生說出心中的話語，但卻不給同學說話的語言，學生縱有滿腔真誠的話要說，也只好終日啞口無言、望著別人的文章興嘆了。

作文教學除了技法的模仿與訓練之外，更應啟發學生的思想，激盪同學的思緒，使學生在多方觀照、心領神會之餘，寫出屬於自己的文章。但啓發思想並不等於強迫學生接受老師的觀點，因爲啟發只是從舊有的經驗中，喚起更新的觸發；只是從原來的一點，做輻射性多方面的省思。激盪思緒也不同於塑造制式的想法，因爲激盪只是爲了融化學生先入爲主的偏執，只是爲了開闊同學蔽塞的胸懷，隨時設身處地做更多方向、更具內涵的探索。所以思想的啟發與思緒的激盪，如果未能配合學生的心理、身體的發展，予以適當而又妥切的引導，日後學生怎能抒發一己的性靈？怎麼避免制式的作文，而寫出屬於自己風貌的作品？

由勉強而習慣，而自然，而縱肆揮灑自我的才學，本來就是人類成長必經的歷程，作文方面更是如此。引導學生寫出真實無僞、心坎深處的作品，正是教學首要的目標。但在達成此一目標之前，還有太多的前置工作必須完成。凡人，都是天地之間最具尊嚴、最爲獨立的個體；凡人敍寫出來的篇章，都得自出己意而鄙棄習見的低俗。但不可否認的，如果沒有經過措辭造句的訓練，也許連基本的字句驅遣都成了問題；如果未曾接受有形或無形的學習，那能寫出首尾條貫的作品？制式的作文教學當然不對，箝制學生的思想更不應該；但爲了達成學生自由思考、自在抒發性靈所做的思想啟發與技法訓練，卻是值得肯定、值得嘉許的！

使作文成爲創作，本是從教老師們的心願；鼓勵學生說出「想說」的話來，也是實際教學具體的指標。但在「想說」之前，還要考慮學生是否說得出來？學生究竟能用什麼方式來說？如何才能辭達其意，說出「想說」的話來。我想作文有形的啟發與無形的薰陶，就是爲了讓同學們「想說」而又說得出來。

其 二

好的作品，必須超越時間的限制，使古人重活過來，能起共鳴；使未來的子孫，也能心有戚戚。必須打破空間的距離，使朋友看了，能有感受；使外國的讀者，也能留下深刻的印象。反映時代的文章，如在現實與永恆之間取得平衡，就能避免淪爲狀似報導的文字；記寫周遭的景物，如在殊相與共相之間仔細斟酌，就能感動整體的人類。否則只能視爲地方或流行的作品，只能代表一地或一時的心聲，而無法寫出人類共同的情感。

因爲耳聞目睹而想作文，由於時局際遇而想傾訴，這是人的常情，也是題材取之不盡的泉源。因此張開嘴來講話，時常會講一些社會的現況；拿起筆來作文，時常會從筆下流露今天的情形。現實的情事經由文字的鋪敍而成文章，文章捕捉現實的情事而成作品，文章與現實本來就難分難解。但反映時代只是文學的功能，卻不是文學的目的；文學必須在記寫現實、或因現實而執筆爲文的同時，賦予作品健康永恆的人性，即使描寫黑暗悲慘的時候，也應從悲慘中解脫昇華，從黑暗裡看到曙光。使不管寫實或創作的文字，都能以永恆的人性爲其精神，而寫出古人或來者均能強烈感受的作品。所以歌德的浮士德，闡明了生命的意義；雨果的悲慘世界，寫出了人性的光輝。不必刻意載道，但文中自有薰陶的效果；不必句句說教，但讀者看了自然深深的感動，這是文學創作的目的，也是文章得以超越時間限制的方法。

所謂「永恆的人性」，既不是道德，也不是教化，而是人與生俱來莊嚴的本質、人向上奮進的本性、人和諧群居的本能與人能尊重其他個體的本分。以永恆的人性為其精神從事創作，只要在作品之中有此寓含、甚至有此傾向即可，不必模仿道學家語出就是說教，下筆就是載道，腦中隨時存著虛假的圖騰，完全抹煞文學創作的本意。文學與道學不同，文學可以描寫景物，可以抒發性靈；文學只要具有人性，只要具有一定的水準，就是好作品，不必管他到底含有多少道德的成分。至於起居坐臥必以聖人為榜樣，抒情寫物必合聖人的懿旨，甚至連在美景之中，聖人都會出現在眼前的道學者或假道學者，無法創作文學。

現實的生活日日不同，社會的情事每天發生；文章係從周遭的環境取材，所以只要用心的觀察，細細的體會，不必擔心沒有題材好用。生活在現實之中，必受現實的影響；取自環境的題材，必然寫出屬於這個環境的作品；作品與環境的關係，本來無法區隔。但反映生活、敍寫環境只是文學的功能，卻不是文學的目的。文學須在描寫生活或深入環境的同時，體會人類普遍的情感，並以同情（與世人同具情感）為其精神，才能寫出超越空間的作品，才能贏得世人一致的回響。

所謂「同情」、所謂「普遍的情感」，係指不限國家、不分地域，只要是人，只要具有基本的素養，就能產生相同的文學情致。這種情致，是人對文學藝術的感動，是人對美好事物的追求，不因文化背景而有所不同。所以莎士比亞的戲劇，遠在英國，但東方人讀來，仍然趣味雋永；荷馬依利亞特的史詩，遠在希臘，但於世人眼中，卻是難以取代的名作。語言文字也許是文學欣賞的障礙，但卻不應影響文學創作的態度；因爲不管任何語言文字，均能寫出與人同情的作品。以普遍的情感從事文學的創作，表面上好像無法寫出當地的人與事，實際上並非如此；因爲以同情的態度描寫周遭的事物，同情是作品的精神，事物則是作品的內容；因此可以寫出本地人喜歡、外國人也能引起興趣的詩文。

好的文學作品是不偏執的，不在文中吹噓自大；不自私的，不在文中刻意引導；不主觀的，不以頑固的意識行文；不揑造的，不以虛假的態度鋪陳；不自限的，不以狹隘的地域觀念或如豆的現實眼光從事寫作。因爲文學雖然必須反映時代、記寫周遭的事物，但在現實與生活的題材中，也須寓含人類基本的精神，才能超越時空的限制，而寫出可以感動古人與今人、本國與外國的詩與文。

（中國語文四三二、五〇六期、一九九三年六月、一九九九年八月）

十四、客　觀

從客觀的環境取材，經過主觀的裁剪，再以客觀的筆鋪寫成文，才能寫出超越時空、贏得普遍回響的作品。

客觀的環境，有時是美好的事物，有時是悅耳的聲音，有時是深刻的感受，有時則是偶然的觸發。人因周遭的景物而感動，因感動而有深刻的感受，因感受而想執筆爲文，這是創作基本的動力。有時則因眼前的視野碰觸內心的意念、因意識透過外在的景物，而想寫在紙面之上；或因潛藏已久的想法，一旦得到印證，急於抒發一己的情志；看似偶然，其實不然。有跡可尋的感動與狀似突如其來的偶然，創作的構想也許有異，但均來自客觀的環境則盡相同。

客觀的環境引起創作的意念之後，首先必須檢視腦中的頭緒，甚至必須加以過濾，將多餘的頭緒割捨，而整出一定的理路，才能決定作品的主題，才能凝聚行文的筆力。其次必須選擇作品的體裁、布局的方式與修辭的辭法，在有思想、有計畫、有技巧的寫作之下，逐字逐句的敍寫。最後則須冷卻情感，把突然受到外物感動的激情沉澱下來，把強烈的情緒昇華而爲普遍的情感，才能寫出你我都有共鳴的詩文。

眼前美好的景物，使人感動；人在感動之餘，也許徜徉盤桓而不能自己；也許馳騁筆墨，想將景物盡數納入字裡行間。不能自己，當然只能連聲讚嘆而無法下筆；至於馳騁筆墨，如果只憑個人的激情援筆寫作，文章可能會因作者強烈的情緒而隨意詮釋，而無法體會個中的精神；會因作者明顯的好惡而妄加論斷，而無法縱觀整體的形貌。讀者讀來，只能隨著作者的激情，而做無理性的起伏；只能順著作者的眼睛，看到作者想看、其實讀者並不在乎的東西。這種激情，與其說是情感，不如把它視爲情緒；這種文章，與其說是作品，不如把它視爲發洩。取自生活周遭的題材，如果只用主觀的筆觸鋪寫，完成之後的作品，就是如此！

以激情的態度從事寫作，與其情境相同的讀者，必然會有強烈的感受。所以歌德少年維特的煩惱一出，一時風靡，單戀的讀者竟在短短的一個月內，自我了結了二十餘人。以主觀的筆觸描寫，與其眼光不同的讀者，必然會有疏離的感覺。所以朱自清槳聲燈影裡的秦淮河一文，一會描寫夜色，一會回到現實；在夜色與現實、描景與臆想之間，讀者即將沉醉之際，馬上就被叫醒；讀者想看江上的景物時，作者又在身旁嘀咕不停；作品的文字句句主觀，讀者想要引起美感，似乎不太可能。

從客觀的環境取材，冷卻激情，將一己的情緒昇華而為人類普遍的情感，然後才以客觀的筆寫成作品；客觀——主觀——客觀三個步驟，正是文學創作不可或缺的過程，你想過嗎？

其二

貝多芬耳聾之後，勉力完成第九交響曲，燦耀人性的光輝；彌爾頓眼瞎之後，仍然撰寫失樂園一書，發揚可貴的人性。他們不因悲慘的際遇而陷入無助的呻吟，不把痛苦的經驗轉嫁到讀者的身上；因此能從主觀的感受裡跳脫出來，以客觀的筆寫出人類共同的情，而成為你我看了都能有所感動的名作。

悲劇，如果未經沉澱，而將激情直接寫在紙上，讀者可能因為境遇相同、因為情感相似而被捲入無奈的漩渦之中。讀者雖然能有「同是天涯淪落人，相逢何必曾相識」的感慨，但卻只能遙與作者相對噓唏，只會強化原本感傷的情懷，而無法從作者的悲情裡昇華上來。好的悲劇作品，在敍述不幸之前，必須先把自己的激情沉澱，才能以客觀的筆觸寫出人類共同的情操。今筆者以「夏」爲題，以主觀與客觀的心情各寫一篇，以資比較：

一、

當熾熱的陽光，染翠了綠色的大地，總是讓我想起稻浪起伏的樣子；當滂沱的大雨，漲起了湍急的水流，總是使我記得溪魚悠游的情形。是一分對於故鄉的眷戀？是一種對於夏日的執迷？在我匆匆流逝的歲月裡，我始終不願、也不能把兩者辨識清楚。

從前，我意氣昂揚的離開鄉里，一心想在都會有番成就，如今卻在蔚藍的晴空之下自慚形穢；從前，我曾信誓旦旦，無論如何也要出人頭地，如今卻在火紅的夕陽裡黯自神傷。年紀漸漸大了，故鄉漸漸遠了，對著夏日向晚的微風，徒然感到一股莫名的失落。

清晨，在田埂的小徑上漫步，遠了；午後，迎著烈日在球場上奔馳，遠了；只剩客居異鄉的旅者，兀自對著太陽書空咄咄。遠山茂密的森林，不曾改變它的顏色；跳躍枝頭的小鳥，繼續啼叫悅耳的歌聲；只是幼時無機的好友，不知是否仍然記得從前？人人都說秋月最是使人感傷，爲何夏日總是燃起記憶的火花，照亮了我塵封已久的往事。

也許我該收拾行囊，接受故鄉的召喚；也許我應回到故里，再次踩在熟悉的土地上。在這炎炎的夏裡，我的內心一直喊著：不如歸去！可是，如今一事無成，卻又使我感到滿懷的返鄉情怯！

二、

當熾熱的陽光，染翠了綠色的大地，小草競相挺直腰幹，綿延而成無盡的原野；當滂沱的大雨，漲起了湍急的水流，小溪爭著逃出森林，逃向曠闊的大海。這是一個忙碌的季節，忙得使人汗流浹背；這是一個急促的時候，急得使人匆遽不安。只有天上那團靜定的火球，兀自散發著耀眼的光芒。

走在寬廣的馬路上，馳騁的車子擦身而過；回頭看看熙攘的人群，正像波浪一陣一陣的席捲過來。這裡，沒有多餘的視線，沒有招呼的聲音；人們只顧盯著前面，走，走，走在上班的路上，走在熟悉的途中；從這一個人潮，走入另一個更爲擁擠的人潮；從這一條街道，走進另一條更爲冷漠的街道。除了天上那團靜定的火球之外，大地一片匆忙！

從前，我曾聽說：只爭千秋，不爭一時。從前，有人講過：忍退一步，海闊天空。這些俯拾可得的至理名言，總是告訴我們：凡事必須待時而動，一切不急！但在左等右等、青春一點一滴的流逝之後，我不由得感到些許的惶恐，我不禁暗暗的懷疑：如果沒有瞬間迸發的意念，不朽的事業將從何產生？如果不能燦爛如夏的生命，我們還能擁有怎樣的天空？

太陽因為拂照萬物，所以才能顯出它的偉大；大地因為生長農作，所以才能表現它的價值；人們因為熱情的工作，所以才能詮釋存在的意義。在盛夏漫長的白晝裡，我們始終感到莫名的興奮：因為慷慨激昂的嘯歌，只有夏天才能聽到；意氣風發的豪情，只有夏日才能目睹；痛快淋漓的舒暢，只有夏際才能體會。且讓我們揮灑自我的才學，散發生命的光熱，使充滿希望與喜悅的人間，常如奔騰悸動的一夏！

第一篇夏純從個人的際遇著墨，且以主觀而又濃烈的情緒抒陳，因此雖已寫出個人的感受，但卻無法解脫一己的悲情。第二篇夏則在激情沉澱之後，才以客觀的筆觸敘寫，因此雖曾否定部分的說法，但卻已將個人的情感昇華，讀者看了必能得到更多的感動。

（中國語文五〇七、五〇八期、一九九九年九、十月）

十五、批　評

先有作品，後有批評；沒有作品，則無批評可言。所以有人認為創作與批評本為一體，只有作者、或與作者具備相同素養的批評者，才有資格批評別人的文章；因為經過自己實際的創作之後，才能懂得個中的技巧，體會作品成形之前的用心，而把眾人眼前表象的文字看得真切。這種說法本來無可非議，但在分工日漸精細、專業日漸成熟的今天，如果跳開創作的過程，純就展現在外的作品分析，並廣從各個角度來論斷，誰說不能評出一番象牙塔外的道理呢？

有主觀的意識，才能在廣闊的學海找到研究的目標，才能從某個定點做深入的研究，而在學術的領域佔有一席之地。學有專精的人，以本科的知識看待事物，如與本科有關，當然可以專家自居；如與本科無關，還想以自己研究的學門、以個人一隅的見解權威評論所有的文學作品，可能就有管窺蠡測或自以為是的情形了。以某一學門的觀點，做為文學批評的理論基礎，雖然可以提供另一個思考的空間，但在慣性與偏執的影響之下，口裡講的、筆下寫的就不一定準確了。

只就文學的立場來看作品，只從文學的角度來論文章，雖然各人所拿的尺度不盡相同，各人所持的態度也大異其趣，但其析評的結果仍然客觀可信。如在批評前就先懷有目的，在分析時就先存有偏見，雖然巧用各種手法掩飾，企圖誤導讀者的方向，還是可以清楚看出個中的端倪。因爲作品是完整的，斷章取義只會暴露其人的愚拙；文章是具體的，詮釋失當只會顯示其人的不智；對於文字寫成、人人看懂的篇章，或有心覽閱、持有主見的讀者來說，很難達到目的。

以整體作品爲單位，做概括性或全面性的批評，涵蓋的層面必須力求寬廣。以作品的某一部分或某一主題爲單位，做專題性或關鍵性的研究，探討的程度必須力求深刻。概括性的批評，面面俱到，但卻很難表現作品的殊性；專題性的批評，單線直入，但卻無法羅列作品所有的特質；兩者在文學批評的領域內，乍看之下似乎並不相融，其實卻不相悖，只要兩相關照或以主從相輔的方式批評，就能兼顧兩者。

有了動機才寫文章，這是一般創作的歷程，也是我手足以寫出我心的方法。文章固然反應作者的想法，但文章完成之後，不僅屬於作者個人，而且還屬於所有閱讀它的人。因此分析作品時，逐字逐句探究它與作者的關係，或作者在此文中可能寓含的情志，可以評出「每讀其文，想其人德」的結果。但如將文章獨立在作者之外，只就作品本身來談作品，而不因爲認識作者、受其背景影響，而左右對於該篇文章的看法，不也是一種客觀的批評嗎？

看完作品，總有一些感想；如把這些感想寫成文章，或多或少都帶有論斷的成分，這是文學批評的一種。以業餘的態度鑑賞作品，或對自己感興趣的部分加以分析，也許不如專業的批評來得真切，無法涵蓋或深入整個作品的情境。但因人人都可能是業餘的批評者，業餘的批評者各從不同的角度看待事物，所以業餘的批評者雖然只就所見所感提出看法，卻也可能說出一些專業之外、卻更專業的見解。

有人創作，就有人閱讀；有人閱讀，就有人批評；有人批評，就會引起更多的關注。創作與批評並不對立，也不孤立，因爲兩者可以各行其是，也可以相輔相成。

其二

在眾說紛陳、百家齊鳴的學界裡，因爲認同、因爲熟悉而選擇某一說法，做爲自己服膺的對象，研究某一學門，做爲自己立論的基礎，不但無可厚非，而且還得鼓勵。可是我們時常看到長年深入、甚至剛剛踏進某一學派之後，就以某派的發言人自居，毅然挑起舍我其誰的擔子；以爲真理就在自己的身上而胡言亂語，以爲唯有自己奉行的主張正確而否定一切；整天躲在牆角，卻自以爲掌握了整個世界，這是闇於自見的人。

不同的學派有不同的主張，不同的主張只要以人爲本、不悖常情就是好的學說，就有存在的價值。可是我們時常看到某些自大的學人，先把自己所學的一點隨意引伸，穿鑿附會在各種事物之上；然後再將自己所知的道理極度膨脹，籠統涵蓋古往今來所有的現象。於是遇到新的科學發明，就說吾道早已有之；遇到新的學術主張，就說吾祖早已講過。整天抱殘守缺，裝模做樣，處在早已被人遺忘的年代裡而滿心歡喜，這是自欺欺人的人。

不理會時代的進步，不在意新學說的出現，更不想知道別人研究的成果，「擇善」固執的把自己認知的觀念，強加在別人的身上，不管你是否接受；以權威者的口吻詮釋一切的道理，不管你是否同意。始終認爲自己可以代表某人或某一團體，而故意忽略人人都是獨立的個體；硬把別人歸入某派或某一類別，而輕率暴露自己的無知。於是只能接受簡單的概念，而無法瞭解精密的學說；只願停在一元的社會，而無法適應容許自由思考的文明，這是好爲人師的人。

正式的學說，必有完整的定義以限制明確的方向，必有清楚的指稱以深入研究的範圍。因爲定義完整，所以破綻在所難免，後人可以據此破綻繼續的探討；因爲指稱清楚，所以無法全面涵蓋，後人可以廣從各方再做努力。於是後者推翻前者，今天的學說取代了昨日的看法；在推翻與取代之間，人類的文明才能快速的前進。至於代代相傳而不可移易的學說，只因定義不夠完整、指稱不夠明確，所以一個「仁」字就能包含所有的美德，一個「道」字就能說盡天下的事理。所以「仁」與「道」就在莫名其妙的偉大之中，從遠古流傳到了現在，這是昧於通變的人。

不管有意或無意，堅持某種思想，就會寫出某類的文章；存有某種觀念，就會評出某類的論調。因此獨尊某一學派，歷經千年而不敢改變；遙奉某一祖師，時時膜拜而不敢仰視；遵行某些教條，言必稱之而不敢懷疑；雖能滿足崇古戀古的情懷，卻無法蛻變更新的文明；只能活在以往的眷顧之中，而無法正視瞬息萬變的現實；致使思想一舊如昔，學術停滯不前，崇之反適足以害之。唯有把舊有的學說置於時代的天平上衡量，把從前的觀念放進時間的大河裡沖洗，才能在取與捨、舊與新之間，獲得真正的平衡；才能在述與作、寫與評之際，秉持公允而正確的態度。

（中國語文五〇三、五〇四期、一九九九年五、六月）

十六、議　論

自從曹丕《典論論文》首將文章分成奏議、書論、銘誄、詩賦四體之後，歷來學者對於文體的分類，或繁或簡，看法歧異。到了近代，經過多方的調整，終於形成共識，而把文體分成議論、記敘、抒情、說明與應用五種。

如把文章細細的分類，文體可有上百種之多，但卻可能造成文體之間義界重疊、彼此糾纏不清的情形。文體大別而成五類，雖然仍嫌不足，但已經達到區別的目的了。文體如今雖然只分五類，但五類文體在實際的寫作上，卻無法完全獨立，不能僅以單一的筆法獨力完成完足的作品，所以議論體的文章，通常含有客觀的鋪寫；記敘體的文字，往往含有主觀的感受；至於抒情體的作品，則已加入敍議的成分了；純粹議論、記敍或抒情的篇章，畢竟少數！

以論說的方式提出一己的見解，表達作者由衷的情志；或以批判的筆法駁斥世俗的看法，推翻歷史沿襲至今的觀點，叫做議論文。議論的文體，必須鋪敍客觀的現象，然後才能針對此一現象，提出個人獨特的見解；或以主觀的情志爲其前提，然後援引讀者熟悉、人人均能體會的經驗做爲例證，反覆強化篇中的主題。又，在議論文章的主題時，有時爲了製造行文的情境、和諧作品的氣氛，作者常會刻意加入抒情的文字；有時行文至於激動之處，作者也會暫停主題的論說，而不由自主抒發個人濃烈的情感。所以在議論體的文章裡，實在不乏記敍、抒情或其他體式的筆法。

議論的目的，在於表現作者獨特的思想，在於駁斥世俗不當的看法，在於推翻眾人習以爲常的觀念，所以論說體的文章必須透視事物的表相，才能寫出不落俗套的文字；必須具有敏銳的思考，才能完足自成一家的論點。尤其撰寫批駁或翻案的文章時，除了文字必須求其機警靈動之外，立意也應盡量求其周延，以免因爲論點有懈可擊而遭到別人的反制。

新穎的內容，本是議論的基礎；但見前人所未見，發前人所未發的內容，必須符合人事的情理，否則就是標新立異，就是譁眾取寵，不但無法贏得讀者的信任，而且還可能造成適得其反的結果。公允的評述，本是議論的要素；撰寫議論性的文字，不能只是偏袒，只站在自己的立場上講話，否則不但難以看清事實。而且還會陷入冥頑不靈的危險。因爲人的思幅有其限制，思緒的觸角有其習慣，即使整天苦思冥想，未必就能面面俱到；何況刻意的偏執之後，勢必會把原來不夠寬廣的思幅，擠壓得更爲狹窄，更無法講出令人折服的話來。

爲了達到議論的目的，可以援引前人的說法，可以舉出古今的例證，更可以利用各種不同的筆法跌宕文意，強化意象，而寫出足以說服人心的作品。但須注意的是：前人的說法是前人的，引說只是爲了加強說理的分量而已，不能以前人的引說代替正文；古今的例證是人人熟知的，例證只是爲了強化文章的主題罷了，不能通篇舉例而不置可否；至於行文的筆法，不但須在單篇的作品中加以變化，而且還得因應各種不同的類型，而做恰如其分的嘗試；不能提起筆來老是映襯，老是比較，老是層遞；因爲過於單調的筆法，絕不可能寫出多樣化的作品來。

議論文須有紮實的學養，才能寫出豐贍的內容；有敏銳的思想，才能看到不俗的道理；有多方的經驗，才能喚起共鳴的情感；有熟練的筆法，才能敍議深刻的主題。寫作議論的文字並不難，只要就一主題多方的設想，就能寫出深刻的篇章；只要善用各種筆法，活化篇中應有的情境，就能說出切合人心的話語。議論文所重視的，不是形式，而是內容；因此即使通篇不採議論的筆法論說，只要能把道理講得透徹，能將意象寫得清楚，也是一篇不錯的議論之文，何必在乎議論體式的文章是否純粹！

（中國語文四七四期、一九九六年十二月）

十七、記　敍

以回憶覆述過往的情事，以寫實載記眼前的景物，以憧憬寫出未來的理想，叫做記敍文。以人的行跡紀傳而成文，以事的始末鋪敍而成文，以時的來去敷陳而成文，以地的履歷敍描而成文，以物的美惡交織而成文，也叫做記敍文。忠實的報導，是記敍文；空中的設想，是記敍文；記寫一己的感受，是記敍文；間入深刻的看法，也是記敍文。舉凡載記情事的文章，都可以叫做記敍文。

記敍文既然以記敍爲主，所以不管現在、過去或未來的情事，均得忠實的記錄下來。所謂忠實，不是一板一眼、一草一木流水賬式的敍寫，而是運用鎔裁的手法加以取捨。所以記敍性的文章，可以誇飾，但卻不能違背常理；可以幻想，但卻不能離開人性，否則就是胡言亂語，怎能叫做文章？當然，報導性的文字，必須完全忠於事實；但在忠於事實的情境之下，並非一成不變的記錄，而須選擇最精警的關鍵、最具體的事實，否則就是駢枝冗贅，反而湮沒了應該報導的事實。因此拿起筆來，想寫一篇記敍的文章時，首先必須決定取材的方向，其次決定撰寫的內容，然後才能循序漸進的鋪寫。

記敍性的文章，可以只就一點加以放大；以此一點爲其基礎，極度拓境而及於線，及於面。也可以從全面選擇一個定點，然後就此定點小題大作，深刻的描摹，期能寫出足以涵蓋全面的內容來。從一點敍及全面，以就一主題多方設想的方式可以達成；但在推衍的過程中，必須注意是否偏離了主題。從全面凝縮在一點之上，則須深入的觀察，並使此一定點足以代表題文的內容。記敍的作品人人會寫，但想把記敍文寫得好並不容易，因爲取材與內容的選擇，必須求其恰到好處。

記敍性的文章，可以站在客觀的立場，以第三者的身分綜觀全局：也可以第一人稱自述的口吻，直接投入情境之中，用轉化的手法生動的敍述。以旁觀者的筆觸行文，因爲看得真切，所以立場較爲公正；但因物是物，我是我，物我之間如果不能取得適當的聯繫與平衡，就難以寫出情景兼具的作品。以直接投入的方法行文，因爲物我相融，所以較能賦予活潑的生趣；但因我就是物，物就是我，物我之間難辨難分，如果不能明白現在扮演的角色，並提醒自己正藉著物在講話，就難以拿捏適當的分寸，而寫出既是「人」（我）的主觀意見，又是「物」的客觀言語，物我之間時而糾纏不清、時而漸行漸遠的作品來。

當我們面對美好的風物時，往往會因內心的感動而拿起筆來，想把眼見耳聞的東西記寫下來；當我們感到強烈的震撼時，往往會因不能自已而鋪排稿紙，想把我知我覺的經過敍述出來。記敍必須經過裁剪，但記敍也須渾融無跡。所以受到眼見耳聞的風物感動時，仍須照顧整體文章的和諧，將強烈的感受寓於景物之中，而不露出格格不入的痕跡。受到我知我覺的經過震撼之後，仍得顧慮通篇的字句，而把深刻的情感吐訴在字裡行間，而不致於喧賓奪主，才是一個真正善於寫作的人。

記敍文涵蓋的範圍很廣，包容的特質也很強，所以純粹記敍的作品雖然有，但卻不多。純粹的記敍，當然可以寫出不錯的文章；但在無我的情境之下，除非選取特殊的鏡頭，運用不俗的筆法，或欬唾優美的辭采，否則就難以寫出雋美的作品。至於一般名爲記敍性的作品裡，或多或少都會加入一些非記敍的成分，或在記敍之後表抒一己的看法。純粹記敍或加入己見，手法並無高下之分；但就整體的作品而言，卻有好壞之別。所以不管採取夾敍夾議的方式，通篇無法單獨分出何者爲敍？何者爲議？或在縷敍情事之後心有所感，不得不發，而在文後馳騁筆墨、在文末提出一己的看法；只要能夠細致的記敍，渾融的抒感，就是一篇上品的記敍文。

能夠寫出純粹的記敍文，手法當然高明；但能熟悉各種文體，隨心所欲採用不同的體裁來作文者，更是佳妙。所以議論性的題目，可以採用記敍性的體裁，而不鈍化精闢的論點；抒情性的題文，能夠寫成記敍性的文章，而不稍減抒情的內涵；古人所謂「寓情於景」、「情景相融」，或「以敍爲議」、「寓理於事」，就是此一境界。事實上，爲了區分的方便而有不同的體裁：但在實際的寫作上，文體之間並沒有絕對的界限。只要掌握寫作的技巧，熟悉取材的要領，相信不管以敍爲議或寓情於景，都能寫出使人叫好、使人讚嘆的文章來。

（中國語文四七五期、一九九七年一月）

十八、抒 情

抒發一己的感受、描述個人深刻的體驗，或吐訴由衷的心曲、敍寫普遍而又熟悉情感的文章，叫做抒情文。抒情文以情的抒發爲主，但卻難免加入議論或記敍的成分；以感的體會爲主，但卻時常含有說明或應用的因子。因此如何在敍議之間保持純粹的抒情，正是作者展現才華的關鍵之處。

就議論而言，抒情就是傾吐個人的胸臆；就記敍而言，抒情就是敷陳一己的情志；就說明而言，抒情就是暗示獨特的心意；就應用而言，抒情就是提出共鳴的事物。在一篇文章之中，雖然時常夾雜各類文體的筆法；但只要以抒情做爲基調，並避免喧賓奪主，就能寫出一篇有血有肉的抒情作品。

每一個人都有情感，每一個人都有話要說；如想把話說得合理合情，則非筆端常帶感情不可。筆端流露出來的感情，可以是赤裸裸的；但赤裸裸的感情卻須跳開個人無奈的呻吟。可以是火辣辣的，但火辣辣的感情卻須擺脫作者偏激的濫情。如果只從個人膠著的情感出發，文章可能陷入無病呻吟的泥沼之中，而無法自拔；如果只是作者強烈情緒的反應，作品可能只是一堆怨天尤人的詖辭罷了。健康的情感，當然是從「我」的身上流露出來；但流露出來的「我」的情感，卻須具有人類普遍的情感，使讀者看了，能夠產生我所欲言或心有戚戚的共振效果，才是一篇有「情」的抒情文。

抒情文的「情」，可以直接陳述，可以情景交融，更可以寓情於景。直接陳述，必須慮及是否具有個人的特殊性及人類共通的普遍性。情景交融，則在記敘之中加入抒情的成分；不管先敘後情或先情後敘，情景必須兩相交融而無跡可尋。至於寓情於景，除了景、情兩相交融之外，還得藉景以寄其情，使讀者乍看之下，是寫景；仔細體會，原來景語就是情語，寫景正是作者抒情的時候。抒情的方式不一而足，作者可以依自己的需要行文；但若想把情感寫得足以使人同情（同其情感），寫得渾然天成，而不露出些許個人的痕跡，就不是一件容易的事了。

劉勰《文心雕龍》以爲「爲情者要約而寫真，爲文者淫麗而煩濫」，因此主張行文必須出於真情。爲了需要、爲了情志、爲了不得不寫然後才寫的作品，情感當然真摯。但拿起筆來作文，常有不由自己的時候；如果此時仍須固守「爲情而造文」，怎能寫出隻字片語？從前蘇軾應制的文章，難道就無傳世的作品？蘇轍參加科舉的作品，爲何至今仍然膾炙於人口？三蘇策議論辨的文字，何以廣受古今文人的讚嘆呢？「爲文而造情」，當然不好；但在情非得已、不由自己的情形之下，如能設身處地營造應有的情境，易地而處融入一己的情感，雖然不是爲情而造文，但完成之後的作品，情感可能比有心爲文時來得深刻，來得真誠，來得更能撼動讀者內在的心靈。

抒情文須以「情」爲基調，「情」則須以「真」爲基礎，否則所抒之情就是矯揉，所傷之感就是做作。情的吐訴，雖然必須誠摯，但誠摯的情感，可以直接源於內心，也可以來自情境的投入。至於情的表現，除了用字遣詞必須配合情境之外，意境的塑造也應盡量以詩意般的美感，陶浸讀者優美的情操，而使讀者覽閱該篇作品之後，情志可以得到完全的昇華。

（中國語文四七六期、一九九七年二月）

十九、篇幅

篇幅較長的文章，因爲具有較多的章節與段落，可以變化較多的筆法與修辭，可以容納較多的字句與語詞，所以不論敍述或議論，不管說明或抒情，均能從心所欲，自在而任性的揮灑。至於篇幅較短的作品，則因受到格局的限制，所以只能壓縮文章的內容，並極度強化文字的張力，否則就有語焉不詳、意象不明的情形了。

長篇大論的作品，因爲使用大量的字句，如果未能在平順的行文之中，加入筆法頓挫文意；或在冗長的文字裡面，表抒新穎的意象；完成之後的作品，可能會給讀者拖泥帶水或味同嚼蠟的感覺。至於篇幅短小的作品，如果不以轉折製造波瀾，或以簡潔的字句表達豐富的意思，完成之後的作品，可能會給讀者內容貧乏或交代不清的感覺。篇幅是長?是短?並不重要，是否把握了寫作的方法，才是關鍵！

人們常說：「文章不宜圖長。」這句話只對了一半。因爲善於縱肆敍議的人，不但能以各種特殊的筆法行文，而且能在大量文字表意的情況之下，把意思說得清楚，把意象強化得更爲鮮明，使讀者看了不但瞭然其意，而且深深的側入心坎之中。也有人說：「文章不宜太短。」其實也不盡然。如果能在短小的篇幅內，運用各種筆法跌宕文氣，作品必能撼起不小的波瀾；如果能夠強化文字的張力，以最少的文字表現最多的意思，使兩句、三句就能完足一個情境；那麼再短的文章，也能富含無數的情境；以無數的情境構築而成的作品，誰能說它不夠分量呢！

爲了表達情志或敍描事物的需要，各人所欲撰寫的篇幅當然不同；爲了使用特殊的筆法或製造不俗的效果，各人所想嘗試的篇幅也各有堅持。文章篇幅是長？是短？本來沒有一定的規矩，端看各人的習性與需要而定。有人善於長篇的大論，有人善於可口的小品；長篇大論與可口小品的高下，並不在於篇幅的短長，而在於內容本身的好壞。所以人人都能依其擅長鋪寫成文，個個都能依其興趣選讀長短不一的作品；但從文學批評的角度來說，只要完足文章的情境，就是一篇完整的作品；只要句意深刻的表述，就是一件不錯的作品；至於篇幅的長短，只能當做參考而已。

有些體裁適合長篇大論，所以議論的文章通常耗去較多的篇幅；有些體裁適合凝鍊的抒寫，所以新詩的作品通常不須太大的篇幅。針對相同的題目，可能因爲選擇創作的體裁不同，所以篇幅自然也就隨之而異了。何況各人因爲受到天分與習慣的影響，可能也會偏好或慣性寫出固定的篇幅來。因此在從事創作或接受寫作的訓練時，應該培養一些敏感的文學自覺，使自己能夠逃脫慣性的篇幅，而有意識的嘗試各異其趣的文體，並在各異其趣的文體之中，自由伸縮各種不同的篇幅，才能盡數掃除篇幅在實際寫作上的障礙。

除了自覺改易寫作的篇幅之外，也能採取較爲強制的方法要求自己，藉以達到練習與熟習的目的。練習的方法很多，可以依題目是否相同而分爲兩種：首先選定一個題目，然後同時敍寫多篇文章；每篇文章的內容可以雷同，也可以迥然而異，但其字數則須嚴格的限制；使各篇作品的篇幅有長有短，卻又各自具有完足的情境，這是一種。又，如果不限題目，而在同一時段內，刻意選擇相同的體裁、甚至不同文體的題目，有意識的以長短不一的篇幅來完成；或以長短交互間雜的方式自我嘗試，也能達到同等訓練的效果。

配合文體寫出恰如其分的篇幅，當然最好。但在達成此一理想之前，似乎必須刻意的拉長或有意的縮減，且在拉長與縮減的篇幅裡，不但應具完足的情境，而且還得保持作品原來的風貌，才能算是完成了此一訓練。此種訓練也許並不容易，但卻值得嘗試，值得藉此而進入創作的領域。

（中國語文四七三期、一九九六年十一月）

二〇、修　辭

廣義的修辭，不但涵蓋詞藻的修飾與字句的鍛鍊，而且篇章的布局與章法的選擇，也在修辭的範圍之內。至於一般所謂的修辭，係專指修辭的辭格而言。在學術的研究上，修辭必須盡量求其精審，所以有再加以細分與深入探討的必要。至於一般教學或寫作，則應彈性的、機動的調整，否則必將落入僵硬的格式而無法自如的運用。

修辭大抵是從古代或今人的作品之中歸納出來，凡是前人作品曾經出現的修辭形式，均應獨立而成一格。在各個辭格之中，凡是可以再行細分的修辭，均得加以區別；所以不管常態或特例，在修辭的研究上，都應加以妥當的歸類；尤其難得一見的特例，更是表現造詣的地方。但在寫作實際的運用之上則不然；不管廣義或狹義，不論有意或無意，寫作必然須用修辭。寫作有關修辭的選用，只要求其行文的效果即可，不必管他是什辭格；只要足以美化文辭、強化立意即可，何必在意屬於那一辭格的那一類別。所以行文貴能渾然無跡的使用，而不必計較修辭的格式與內涵。

有關修辭方面的研究，當然是愈深入愈好。因爲修辭形式千變萬化，誰能歸出最多的類別，誰能發掘最多的特例，誰能寫出最多的理論，誰就可以表現最多的功力；所以深入的探討，就成爲修辭研究不二的法門。但在寫作實際的運用之上，如果舉起筆來，必須考慮目前所用的辭格究竟屬於某一類或某一門；如此辭格必須用在某一立場或某一情境；使用如此修辭之後，可以得到某一效果或某種水準，不如平鋪直敍來得自然而暢快。作文只是爲了達意而已；所有的章法與修辭，只是爲了幫助作者敷陳一己的情志罷了。所以凡是能夠達到此一目的的修辭，都可以採入行文之中；凡是能使句意更爲優美的辭格，都是我們不願捨棄的技法。除此而外，修辭只是學術上的名詞而已。

修辭做爲學術研究獨立的一門，當然必須加以細分與深入的探討；但在寫作實際的運用之上，則應打破原來各自獨立、各自分類的格局，而把相同類型，或使用之後可以產生相近效果的辭格放在一起，成爲一組可以彼此互通、可以交互使用的作文方法，使修辭不再侷限於某一特定的範圍之內，而使作品的詞藻豐富而又多樣。

爲了研究的需要，修辭必須加以細分；但在寫作上卻須加以統合。所謂統合，係指打破原來各自獨立的範疇，而將兩種以上性質相近的辭格，取其優點融合而成一種新的修辭形式；或把兩種以上性質相遠或相反的辭格，取其對比而成爲一種新的表達方法，都能達到統合的目的，而極度發揮修辭辭格應有的效力。

如果針對單一的辭格而言，也有加以變化的必要。因爲辭格係從作品之中歸納出來，所以適合古文的修辭，在語體文中不一定就能妥切的使用：適合他人筆法的辭格，在自己實際的行文之上，不見得就能自在的表達；尤其在不同的文體或不一樣的作品裡，豈能勉強嵌入某類的修辭？因此爲了配合不同的情境，也爲了自在表達一己的情感，傳統的辭格有再加以變化的必要，才能賦予辭格嶄新而又實用的意義。

不管章法或修辭，凡在學術的研究上，可以特例表達自己獨到的見解；但在實際的行文上，則應端視行文的需要，並配合文章不同的情境，而組合、而變化、而創造出更實用、更能表抒情志的辭格，才能因應多樣的寫作，而獲得最好、且最徹底的行文效果。

（中國語文四七一期、一九九六年九月）

二一、思　考

早上所讀的書，中午用餐時在腦中翻過一遍；下午所讀的書，晚上吃飯時在腦中檢視一次；夜裡所讀的書，就寢之前在腦中很快的看過。只用腦來回想，遇有阻礙，馬上拿出書來找尋答案。每次複習，只要數分鐘就能完成；所費的時間雖然不多，但其效果卻頗可觀。我從小如此的學習，腦中也隨時自然而然的翻著書，這是我的讀書方法，也是我每天使用的思考方式之一。

意識與潛意識，是人類思考主要的系統。意志力強度不夠的人，不但無法控制自己的意識，而且潛意識也將公然的作怪，於是就會產生荒誕不經的行為。如能擁有堅強的意志，不但可以確實控制自己的意識，隨時保持敏銳的反應與清明的頭腦，而且還能進而控制狀若虛無的潛意識。我常把想寫的題目，很有意識的交給潛意識思考；我也常將不必立即去赴的約會，很有意識的交給潛意識記憶。於是我不但從來未曾忘記赴約，而且當我拿起筆來寫作時，整篇文章的頭緒也非常的清楚。很抽象，但又很具體，不是嗎？

拿起筆來寫作，才能寫出首尾完足的文章。如果放下筆來思考，最多只能想出敍議的方向，只能構思段落的布局，這是絕大多數人寫作的習慣。事實上，寫文章也可以不必拿筆，只要在腦中運思構想即可。在腦中先以段爲單位，第一段寫完再寫第二段；寫完第一段將寫第二段時，先把第一段重新讀過之後，再繼續下面的段落；一段一段依此步驟逐漸的完成，誰說不能以腦來作文。如今，七、八百字的文章，我時常不用拿筆就能在腦中寫好，就能夠從嘴裡滔滔不絕的唸出來。

在演講或與人交談，因爲觸及某個層面，而須提出事前沒有準備、或從來沒有想過的觀點時，腦中常會迅速的預估針對此一問題，必須提出多少看法才能周延，而大膽的說出我有幾點看法。然後邊講邊想，邊想邊講。雖然邊講邊想，但因想的速度很快；在此一論點講完之前，下一個論點早已成形了。所以聽者不但無法窺知我是邊講邊想，而且往往可以講出比預期的看法還多。

因爲心志放在文學理論之上，思想整天都在文學的領域之內盤旋，所以我在加拿大的落磯山脈前，看到了語言因爲長期慣性的使用而自我設限；在西班牙高第變化多端的建築裡，體會了以嚴謹的態度，寫出突破沿襲的文章；以出奇的手法，創作符合原理的作品，才能不必與人通流。腦際以文學理論做爲思想的中心，不管本科的研究、相關學門的涉獵，或與此完全無關的日常生活，都能觸發我的思緒，並想出更新、更多的理論來。

二十年來，寫這寫那，我每天都寫文章，每天都在文學理論的範疇之中運思構想。如今，我已步入中年，希望我這五種每天使用的思考方式，也能夠給你一些新的觸發！

（中國語文四九七期、一九九八年十一月）

二二、讀　書

大學時期，我曾背了《荀子》一書；背完荀子之後，我把荀子的思想分別與同時代的孔孟、老莊、韓非、公孫龍等人相比，於是先秦諸子的學說，我有了較為深入的瞭解。然後我以荀子性惡的主張為主，閱讀《尚書》有關性惡的觀念，到近代討論荀子各方面的書籍，於是整個傳統的哲學思想，我也有了一窺究竟的收穫。

大學時期，我曾背了《文心雕龍》一書；背完《文心雕龍》之後，我把《文心雕龍》書中的文學理論，分別與同時代的曹丕《論文》、陸機《文賦》、鍾嶸《詩品》、顏之推《文章》等書相比，於是魏晉六朝的文學思潮，我有了較為清楚的輪廓。然後我用心咀嚼古書與詩詞話中，有關文章作法的隻字片語，並從近代的學說與西方的美學汲取營養；於是我著重在前人欠缺的理論建構之上，而走出自己一片小小的天地。

理論雖然抽象，但理論也應該是具體可行的；所以當我讀到《文心雕龍•鎔裁》的「首尾圓合」四字時，眼睛不覺一亮。原來前人對於文章，只做眉點式的批評，無法脈貫全篇；今人分析文章，則只停在各言爾志、各云其是的階段，兩者不但無法肢解作品的結構，同時也未能建立新的理論體系。事貴上，凡是好作品，都是渾然一體的；析評好的作品，不但不應支離破碎，而且還要整體的看待。於是我以理論分析文章的架構、批評文字的優劣，以能放能收、「首尾圓合」的方式畫出圖表，而首提一套新的文章析評方法。唯有活用理論，才能把學術化爲實用的公器，這是我的讀書方法之一。

理論雖然抽象，但理論也應該是具體可行的；唯有能夠拿來實驗的作法，才是好的作文理論；唯有作法與文章兩相結合，才是好的作文書籍；唯有將作法提升到學術的領域，才能使作文擺脫技的層面，而進入學的境界。於是我把學術的理論化做文章的作法；把學術的修辭轉爲寫作的要領，使學術與實用、理論與作法、作法與文章之間，不但可以轉換，可以實驗，更可以相得益彰，這是活用理論的結果，也是我的讀書方法。

一般人聽課，只在課堂裡亦步亦趨老師的引導，只是用心抄錄老師所說的內容，最多也只能聽出老師講課的資料來源，我卻有些不同。我聽老師上課，常聽老師無法周延的部分，常把老師未能清楚交代的地方畫下問號，然後自己去尋找答案。因爲答案找到之後，馬上可以突破老師的不足，馬上可以站在「巨人」的肩上而向前眺望。

一般人看書，只看書中發展的情節，或把所看的書當做一個獨立的單位，而少有彼此參照的時候，我則不然。看書，我不但打破篇章，而且還把節目拆散；把一本書化成無數個主題，把各章各節類似的內容，分別植入各個主題之中。於是我看透了《荀子》與《文心雕龍》；我也從柳宗元的《始得西山宴遊記》中，看到了作者以三個「窮」字，發洩他的情緒、麻醉他的心情，並表達他高度的憧憬。不管書或單篇的文章，參互見義的讀書方法，的確惠我良多。

對於事物，我常做更多方向的思考，以免有所偏袒而不能遍觀全局。所以當世人羨慕、甚至嫉妒美國得天獨厚的環境時，我卻悄悄的想起：在東方的中國關起門來內鬥、打開城來侵略東亞的陸塊時，歐洲人正以冒險犯難、不畏艱苦的精神，在北方航向數千里外的新大陸，在南方則駛往茫然不可知的新桃源。當世人認爲加拿大因地廣人稀，所以環境才能不被破壞時，我卻靜靜的想起：兩千六百萬人的加拿大，居然能把近千萬平方公里的國土，維護得如此的完好；至於亞洲那個中國，徒然擁有十二億的人口，卻只能讓他們的黃河枯竭、長江洪災，連大片的森林也難逃被砍被焚的厄運。

對於研究，除了追本溯源之外，我常以細再細分、類再類聚的方法探討。因爲細再細分，我將性靈分爲六種，將趣味分爲十八種，所以能夠強化主題的深度；因爲類再類聚，我把對比、排比、錯綜、層遞併爲整齊一類，把正反、映襯、對比、逆筆併爲錯落一類，所以能夠張大主題的廣度。細是爲了分析，聚是爲了統整，兩者都是研究學問的方法。

讀書的方法很多，我僅列舉數法以供參考；這些方法也許不算什麼，但它們卻塑造了今天的我。

（中國語文四九八期、一九九八年十二月）

二三、寫　詩

本來只寫文章，對於新詩不以爲意的我，因爲偶然看到英國詩人格雷夫斯（Robert Graves）說他用左手寫散文，以娛悅衆人；用右手寫詩，以娛悅自己，將散文的地位貶在詩歌之後。爲了證明自己也能寫詩，於是選擇四季春夏秋冬的「春」詩，做爲新詩寫作的第一首：

你終於來了／不曾失約過
沒有孤獨的蹄聲／沒有喧嘩的簇擁／我只能聆聽東風的低語／感覺你的腳步
不見你怯怯的招手／未投我蕩漾的笑顏／我只能細察初泛的溪水／知道你
就在身旁
想把酒言歡／你　不可捉摸／想促膝長談／你　無聲無息／但和煦的陽光／
長出了你梢頭的生意／你遍地的喜悅／你如茵的熱情

不曾失約過／你終於來了

而在四十五歲那一年，正式走進新詩繽紛的世界。

儘管詩與文章的寫作方式，並不相同；但因詩與文章都是文學，所以當我拿起筆來嘗試時，雖然有些生澀，卻也覺得並不困難。只因家計在身，每天必須全力撰寫升學方面的書籍賺錢，無法挪出多餘的時間徜徉，於是在不自知覺中，寫詩的筆漸漸停了下來。

就在我把新詩拋諸腦後的時候，有位朋友突然打了一通電話給我，向我炫耀他在兩個月裡，已經創作新詩二十餘首。放下話筒，我的內心一陣蠢動，不服的鬥志瞬間燃起，寫詩的意念頓時泉湧。寫了兩年，總共才寫十九首的我，如今再次投入，以前所見、所聞、所觸、所感，深埋心中而未及形諸文字的情景，一時全部化爲詩作，一首一首流在紙面之上，短短一個月內，我就完成了新詩六十首。

這次拿起筆來寫詩，我再也停不下來了。於是寫詩不是不顧家計，純屬個人奢侈而自私的享受，而是家庭一分子的我，把詩當做生活的記錄，寫我自己、寫我家小、寫我社會、寫我時代，凡是足以引起強烈感動的東西，詩不待思，自然而然就會在我的筆端出現。

我曾經晚上做夢，醒來之後，把夢中顯示的文字重抄一遍，就是一首新詩「愛」：

我愛梅娜／一百／減　分給小琪五十／減　撥予小翔一半／等於零／一個完整的圓

梅娜愛我／是謎／加　疼惜小琪很多、很多／加　呵護小翔非常、非常／等於一百／一顆滿足的心

別人結婚／1+1=2／我與梅娜／0+100／還是等於／一百

我因須到延平中學演講，不知該講什麼。車子開著、開著，腦中想著、想著，想起初次遇見梅娜的情景，於是以「她」爲題，邊開邊想，到了學校，詩也在腦中寫好了：

她像一朵開在行人眼上的花／緩緩走出雅典古城、羅馬古道、史特林古堡的優雅／驚起一路遐想

心如葉子忘情的掉在她的身上／擷取一點美麗／把腦中的記憶凍結／雀躍的單獨的留在夢裡

站上講臺，我以「她」爲詩例，隨興講解詩的作法，一場完整的演講也就賓主盡歡了。

我曾經從住所麗水街，陪著梅娜前去公館吃飯；邊走邊與梅娜聊天，但頭腦卻照例不聽使喚的自己思考。於是在來回公館之間，每寫好一首，我就唸給梅娜聽，回家用筆抄下，總共三首：

迷路的星星／被細長的鏈條鉤住／嫩白的胸前／左盪、右盪／始終無法回到天上

擦亮羨慕的眼光／燈燭暗了／一閃一閃／給了女人美麗／卻把光采奪走（鑽石）

澳洲的國旗／掛在枝上／飄搖／長長的爪／代替尾巴／將樹緊緊抱住／整天安心的睡覺（無尾熊）

擎著火炬／照亮頭頂沉重的冠上／七個大洲／打開宣言／宣告正式進入新的紀元／一個人類創造的神／在紐約的外海

遠從法國跨洋而來／一百多年了／並不想家／地球為了分送她的光芒／每天自轉／上帝遺忘在口袋裡的／她大方的給予／自由

海面的船／她是指引航道的燈塔／陸上的人／延頸翹盼她的凝視／天佑地球／自由女神（自由女神）

當梅娜看到「鑽石」一詩的最後兩句「給了女人美麗／卻把光采奪走」時，還高喊「抗議！抗議！」呢！聰明美麗的梅娜，有時隨口迸出的佳句，常能觸發我寫作的意念，使我在寫詩的路上，不但有趣，而且盎然！

寫詩成了習慣之後，寫詩只是情意自然的抒發，而不是矯揉刻意的文字遊戲。所以我寫的詩，平實、自然，有如書名「詩的行板」的「行板」一般，並不峻急得站在人前大呼口號，也不怪異得令人百思不得其解。我認爲詩既然稱之爲詩，就該具有文學一定的形式與充實的內涵，捨此而外，一切都是賣弄！於是遇到地震，我就寫了「地震」一詩：

想讓遺忘自己的人／重溫嬰兒的夢／地球把長繩S波、P波繫在兩極／架起一床搖籃／溫柔的搖
有時上下，有時左右／人在浮於大洋的陸塊上／動盪／彷彿身處遇浪襲擊的船中／不明所以／紛紛奪門而出
唯恐失去／人以眼前的有，取代與生俱來的有／純真的笑沒了／凝視著人／憐惜的手停了下來／地球將繩鬆開／不解的走了

在陽明山上和朋友小酌，我就寫了「歲月」一詩：

生命／有如一杯美酒／酒裡／刻了我的皺紋
是酒刻了我的皺紋／是我的皺紋掉進酒裡／過眼的青春／正在杯中蕩漾
拿起杯子／喝下皺紋／歲月／一一浮在／我的臉上

寫到現在，只要有所感動，不用去想，詩總是伴著清晨醒來一併呈現、在晚上散步時自然的浮於腦中。即使我不強求押韻，但詩的音韻卻已和諧自然，清暢自如。我把新詩視爲文學的素描；新詩，也的確素描了我的人生！

一個偶然，使我拿起詩筆，開啓創作的新頁：另一個偶然，好像打通全身的經脈一般，從此詩興泉湧；我很誠摯的感謝他們。如今「詩的行板」已由文史哲出版社出版，「茶花的詩」也已完成大半；回首一生寫作的路，我滿心歡喜！

（中國語文六六七期、二〇一三年一月）

二四、寫　書

早上走進辦公室，物理科林森雄老師遠遠的就向我招手。走進身旁，林老師低聲的問我：「要不要寫參考書？」我一向志在學術與創作之上，至少也應對教學有所貢獻，因此不假思索的回絕了。過了一個星期，林老師又把我叫過去，語氣嚴肅的對我說：「建宏現在正缺國文一科，你如果想寫，這是一個千載難逢的好機會。」

當時我在建中任教，月薪一萬多元，扣掉固定必須寄回臺南老家的五、六千元，所剩的必然捉襟見肘。我想：如再堅持下去，不但升學只是奢談，日後可能連基本的生活都成問題，何況如日方中的建宏出版社，多少人想為它效力都還不得其門而入；如今因為林老師受建宏之託，器重我這位後生晚輩，我怎能輕易的放棄呢？於是正式接下這個工作。

隔天早晨，建宏董事長林世忠先生、總經理林世楨先生兄弟兩人，冒著十二月已漸寒冷的天氣，肩扛三十粒裝的大水梨一箱，親自踵臨宿舍拜訪。林董兩人坐定之後，隨即開出一張面額五萬元的支票，以供買紙、買筆之用。一向安分貧儉的我，怎能當此大禮？當下即將支票退回，收下平時絕對捨不得買的水梨之後，相約晚上再詳談寫書的細節。

到了晚上，林董兄弟訂了一家豪華的餐廳，要我前去一敘。我想，只是要談寫書的事情、只是吃頓晚飯而已，何必大費周章呢？於是我向林董建議，就在巷口的麵攤即可。林董兄弟屈尊移駕，依約前來，大家各吃一碗麵、各飲一杯啤酒，相談甚歡，接著就是我漫漫長長暗無天日的生活了。

因爲只有短短的半年，就須把高中國文一、三、五冊的參考書同時完成，按常理推估，根本就是不可能的任務。紛繁的頭緒，使我整天坐立不安；我想著手整理資料，但卻不知從何做起？我甚至害怕無法獨力完成，而想邀請朋友一起參與。如此猶疑、恐懼而又遲滯不前的過了兩天，我終於下定決心，爲了爭取寫書的時間，我與相識已經一年有餘的女友梅娜商量，是否可以馬上結婚？因爲按照規定，婚假除了固定的週六、週日之外，還有整整的十四天假期！

因爲當時學校所教、考試所考的課本，只有教育部的部編本一種，所以只要針對這一個版本即可。但是問題來了，部編本是學校與考試唯一的依據，所以不管你是否同意，他的注解就是唯一的說法，如果提出個人的意見，不但會造成老師教學上的困擾，而且還可能讓同學們在聯考時失分。但如有明確的證據顯示，部編本的說法並不恰當，身爲一個負責的作者，怎能昧著良心不說呢？於是：

我在部編本的注解旁邊，加上自己的意見，如陶潛桃花源記「落英繽紛」的「落英」一詞，課本根據說文解字「凡草曰零，木曰落」，而將「落英」一詞釋爲落花。我在旁邊加注，根據詩經周頌：「訪予落止，率時昭考。」傳云：「落，始也。」「落花」也能釋爲初開的花。

在部編本解釋不夠完整、意思不夠清楚的地方加注，如桃花源記「男女衣著，悉如外人」，課本只注「男女服裝全如外界的人」。「外界的人」一語，很容易被誤爲同一時代、桃花源以外的人。因此我在旁邊加上桃花源詩：「俎豆猶古法，衣裳無新製。」王維桃源行：「居人未改秦衣服。」所謂的「外人」，不是桃花源以外的人，而是指與當時的晉人不同、來此「避秦時亂」的秦人。

在部編本沒有注解、各家解釋不盡理想時，我就直接提出自己的看法。如方孝孺指喻「既三日，聚而如錢，憂之滋甚，又以示人」的「聚而」二字，一般人都把

「聚」字釋爲聚集，但我越看越不對，只是一個小小的疹子怎能「聚」呢？於是我從周禮天官獸醫注的「節，趨聚之節也。」釋文：「聚，本作驟。」「聚」通「驟」，將「聚而」釋爲「驟然」。此一說法，如今已經成爲通用的標準注解了。

古詩古文的年代已經久遠，衆說紛紜的情形在所難免。部編本的編者，只是從中選擇一種比較認同的說法，做爲注解罷了。但部編本爲了顧及老師們在教室裡的臨場發揮，所以付之闕如的地方也不少。教科書可以如此，但做爲輔助教科書的參考書，卻須字字精解，否則就失去參考書的功能了。於是：

在單字解釋上，我從全文的主題、仔細推察上下的文意，從中找出這一個字最正確的解釋。如指喻「然始發之時，終日可愈；三日，越旬可愈；今疾且成，已非三月不能瘳」的「且」字，不能釋爲卻、將或而且，而應當做「助詞」，否則文意就不通順。

在語詞的解釋上，如果此一語詞的用法很多，爲了慎重起見，我一定先將各種用法羅列開來，然後選定最能吻合題意的用法做爲注解。如屈原漁父「安能以身之察察，受物之汶汶者乎」的「汶汶」一詞，有音ㄨㄣˊ，黏唾之意；有音ㄨㄣˋ，水名；有音ㄇㄧㄣˊ，山名；有音ㄇㄣˊ，玷辱之意四種。用在漁父這個文句上，只有音ㄇㄣˊ、玷辱之意才對。

在文句的解釋上，文句如有倒裝、如有省略，一定加以還原。如酈道元水經江水注「或王命急宣，有時朝發白帝，暮到江陵，其間千二百里，雖乘奔御風，不以疾也」的「乘奔御風，不以疾也」，課本釋爲「雖乘快馬，駕疾風，也不及船行快速」，「以」字未做解釋。太平寰宇記則引「以」作「加」。但從上下文意來看，與其解釋爲「加」，不如將文句省略的部分塡入，而成「雖乘奔御風，不以之爲疾也」，不是更直接、更清楚嗎？至於字句的解釋，如有不妥或不近情理之處，一定加以釐清。如顧炎武廉恥「爲機變之巧者，無所用恥焉」的「爲機變之巧者」，原式應爲「巧爲機變之者」，善於賣弄機心變詐的人；「巧」爲副詞，善於、擅長；「爲」是動詞，當從事、賣弄解釋；而不應以「只會賣弄機心變詐取巧的人」來搪塞。

每一字、每一詞、每一句，我都以絕對負責的態度，忠於原文，詳盡注解；即使是眾人敬而遠之的虛詞，我仍然字字精解。因爲字字精解，所以我在古詩文的語譯上，不但要求清暢自然，而且譯文與原文之間，還得直接對應，務使原文的每一個字，都能在譯文之中找到；同學們只要看譯文，就能瞭解句中每一字、每一詞的意思。因爲我知道：所謂的好老師，就是能將課文字字精解、句句精譯，不慊不餒的站在講臺之上，面對同學；所謂的好書，就是同學們打開書來，不假外求，就能一路無礙的閱讀下去。身爲作者的我，唯有如此，才能放心的把書出版！

我寫書，梅娜在桌子對面校稿，偶而兩眼相視，也只會心一笑，馬上就又各自埋頭工作。我寫到幾點，梅娜就隨我校對到幾點；苦，在當時一點也不覺得。睡得比月亮還晚，起得比太陽還早，我有長達半年之久，每天睡眠不足三小時；即使往後的十八年，我一天睡眠的時間，也不超過五個鐘頭。爲了寫書，我拋家棄子，獨自住在離家還有一小段距離的宿舍裡；如此不眠不休，只盼能夠養家活口；除此之外，我別無所求！

建宏林董兄弟任我揮灑，從來不做任何的限制；常在打字公司陪我看稿，幫我打氣，並不惜成本大力的行銷；我把林董兄弟當做兩位大哥。副總經理陳哲章先生，除了銜命催稿、取稿之外，只要我有需求，他一定立即處理；我須協助，他一定設法排除；使我在撰寫期間，得心應手，從無支絀之虞；我把陳兄當做一生的好友。經理蔡秋文先生，陪我南奔北走，不曾喊累。我演講，他負責安排；我拜訪，他爲我開路；回到臺北，仍然東一個拜託，西一個懇求，整天電話打個不停，希望我的書能夠廣被接受；我把蔡兄當做親逾胞弟的弟弟。直到二十年後的今天，建宏對我的態度，依然如昔！

二十多年來，我把全部的時間拿來寫參考書，至於研究或創作，只能從中偷閒。一頭栽進參考書中，本來想當教授的我，雖然無法如願，但我一點也不遺憾；因爲在人生的路上，我始終過得認認真真，走得踏踏實實。承蒙林森雄老師器重、林董兄弟及建宏諸友一路相挺，我的心裡滿滿的都是感激之情。當然，我對始終不吝指教的老師們及長期信賴的同學們，感激一樣多！

（中國語文六七二期、二〇一三年三月）

二五、永　恆

在建中任教的第二年，我接受補習班的邀請，晚上前去兼課。站上講臺，拿起麥克風，面對兩百多人一班的教室，教法當然會與學校有些不同。因爲都是已經修完高中三年課程的同學，因爲補習只是爲了加強應考的程度而已，所以我時常採用複習的方式提問，要求大家回答；同學只要講出答案，我就致贈拙著《強者的塑造》一本。

就是那一天，我又以相同的方式要求答題；坐在不遠處，有一位皮膚白皙、面貌姣好的同學舉起手來。答案正確，照例送書。這一次我特別在書的裡頁寫上電話，下課時刻意經過她的身旁，把書給她，並低聲的告訴她：「如有心得，可以和我討論。」

六月，補習班的課程結束了；七月，聯考已經過了；八月，怎麼還是沒有消息。我整天若有所思的等著，心情由期待而悵然，由悵然而落寞。就在我即將失去信心的九月，電話響了，耳際傳來怯怯生生的聲音，我的心裡一陣狂喜。

爲了迎接她的到來，我請自願幫忙的同學前來打掃。整片地板用水淋溼，然後灑上厚厚的洗衣粉猛力刷洗，直到地板逐漸泛白，才算乾淨。我將椅子拉到面對草地的走廊上，坐了又坐，調了又調，一切就緒，恨不得現在就是明天！

隔天，身穿淺色上衣與白色吊帶褲的她，輕巧的走上木階。我想把她仔細瞧瞧，但卻害怕觸及她的眼睛，只能偷偷的打量。本來還算健談的我，竟在她的跟前語塞，一時不知從何說起。最後，還是老師的專業訓練救了我，我從「強者的塑造」談起，逐漸把話匣打了開來。

她的身材修長，動作卻很輕盈；她的眼睛很美，眸子卻很自然；她的一顰一笑、一投手一舉足就是美麗，就是優雅。話語不多，但眸子卻有千言萬語似的，教人深深的著迷。整個下午，我談書、談補習、談聯考、談生活，談到後來，本來不敢正視的我，兩人兩眼相視，竟比用言語實際的交談，談得還久！

我們曾在植物園裡散步，兩人共坐一張只能容下個人的椅子。我們曾經乘著夜色，共騎一部機車上陽明山，直到四處漆黑如墨，伸手不見五指，前不見行人，後沒有來車時，才興盡的折返。我也曾經載梅娜到三軍總部，拿東西給官拜上校的姊夫；姊夫一見騎乘野狼的我，據說很不放心的回報母親大人！

小時候，我年年都當班長；朝會時，天天都得站在隊伍前面；每次看到拉著白繩升旗的女同學，心裡時常會想：如果她是我的女朋友，該有多好！結果梅娜就是國小的旗手！長大之後，只要看到路旁有人作畫，我一定駐足欣賞，有時一站就是一、兩個小時。每次進入展覽會場，恣意享受豐盛的美術饗宴時，心裡時常會想：如果我的女朋友會畫畫，該有多好！結果梅娜不但能畫，而且還曾多次得獎。能夠遇到梅娜，我的人生已經沒有遺憾了！即使我奉派韓國、日本參訪時，我仍然把梅娜的照片，隨身攜著、帶著！

爲了爭取婚假十四天來寫參考書，我和梅娜商量就此結婚。當時我的存款不多，唯恐無法負擔宴席的費用，於是商請好友先墊。因爲預算有限，所以只開八桌。一桌、兩桌、三桌，已經加開三桌了，但客人仍然不斷的湧進來，我在無法可想之下，只好告訴小弟：「把沒有座位的客人請走！」我因「強者的塑造」而與梅娜結識，所以特請文史哲彭先生加印結婚紀念版，做爲饋贈來賓之用。宴會之後，我向岳母保證：儘管我無力呈奉聘金，也沒錢可以製作喜餅，但我一定儘快讓梅娜有個溫暖的家！

在此之前，師大教我理則學（邏輯）的林玉體老師，曾經告訴我：「如果想在臺北立足，必須先有個家；我最近要搬到新家去了，這個舊家就留給你！」我向老師說：「可是我沒有錢！」老師說：「沒有錢，沒關係，我先登記給你。」我說：「如果一輩子沒有錢還，怎麼辦呢？」老師說：「一輩子沒有錢，就一輩子不用還！」結果，我把老師的舊家，當做我們甜蜜的新巢！為了表達我對林玉體老師的敬意，我和家人終身不以林老師、而只用「老師」二字稱呼。

婚後馬上進入撰寫參考書、緊張而又忙碌的生活，梅娜不但沒有怨言，而且全程參與，全心協助。岳母一見么女忙不過來，因此隻身前來臺北幫忙。稿子有梅娜校對，家事有岳母料理，我除了專心寫稿之外，其餘瑣事，一概不用理會。一本、兩本、三本，參考書如期出版了；一年、兩年、三年，時間就在周而復始的忙碌中消逝了：猛然回頭，結婚已經二十七年！

二十七年來，我和梅娜一起奮鬥，一起歡笑；閒來外出徜徉，隨興所至，車子開到那裡，晚上就在那裡過夜。放假就出國遊玩，今年去落磯山脈，溫存寶石一般湖水的柔情；明年到蘇格蘭高地，馳騁草原無垠的豪邁；只要平時節省一點就夠用了。日子雖然平淡，全家卻也和樂融融。閒雅恬靜的梅娜，生活一向簡單，從來沒有多餘的想法，但對家庭、對子女，卻以細膩的愛心隨時呵護。本來個性急躁的我，在她的潛移默化之下，如今也把生活的步調放慢了。

能夠認識梅娜，是我一輩子的幸福。我不是王子，但梅娜一定是公主，我常想大聲的說：「我娶了美麗優雅的梅娜之後，從此過著幸福快樂的生活！」

（中國語文六七三期、二〇一三年七月）

讀你——寫愛妻梅娜

一抹羞怯
暈出晨陽初起的嬌嫩
嬌嫩的笑容
是春風，是細雨，是才剛出罅的山泉
將大地的喜悅整個綻放開來

你，恬靜優雅
不必講話，自有千言萬語
不用文字，內容自然豐贍

足以淨化庸俗的眼
像一泊明朗清澈的湖水
我喜歡在凝視的眼底優遊
修長俏麗的身影
輕輕盈盈
像不染塵煙、翩然臨視的女神
重新把美詮釋
我時常呆呆的望著
直到你的羞怯再起
我才猛然回神這是真實的幸福

讀書讀書，讀了幾十年的書之後
與你相遇
從此
我開始讀你

二六、機緣

排隊到講臺前領取講義，我不經意的回過頭來，突然看到一個美國人排在後面。正猶疑時，這個美國人向我微笑示意，我禮貌的點點頭，就回到坐位上了。下課時，美國人邀請我到他的宿舍一坐。

走出師大，走入麗水街，在一個破舊的木門前停了下來，我抬頭一看，滿天蔓生的藤蔓，從牆角爬到橫在空中的電線上，織成一個恐怖片中才有的場景。推開木門，整座房子陷在遍布芒草的叢林中，只剩屋頂浮在綠色的波浪上掙扎，好像正在搶吸一口足以維命的空氣。踏進屋內，這間佔地一、兩百坪的日式宿舍，計有七個房間，每間各租一人，屋主獨自住在裡面的套房裡。戴思客（Dr. Scott Davis）兄因其老師臨時有事，未能來臺，所以正有一房空著。這個宿舍雖然又破又舊，但卻隱隱透出一股盎然的美感，因此我決定搬來這裡。

住在這裡的人，除了外出或上廁所外，鮮少踏出房門。環屋的走道，時常空空蕩蕩；偶而在走道上碰面，除了彼此說早問好之外，幾乎很難聽到講話的聲音。因爲誰也不想多談，誰也不想多管，所以走道髒了，只要看得過去就好；廁所經年累月，似乎從來沒人刷過，大家也習以爲常。我想既然住在這裡，既然喜歡這個氛圍，就由我來做吧！

每個星期，馬桶刷洗一次；每隔一個禮拜，走道、浴室全部加以清洗。屋內整理好了，屋外卻連立足的地方也沒有。於是我去買了鐮刀、鋤頭，斜著身體側入芒草林中，邊割邊鋤。手腳四肢傷痕累累，臉上頸部全部掛綵；每到黃昏收工時，全身紅腫疼癢，有如無數的螞蟻正在身上爬行，真想就此打住，但我忍了下來。本來全被芒草淹沒的庭院，今天鑿穿一口天井，明天理出一片晴空；我前後花了兩個星期，宿舍終於重見天日。

庭院整理好了，但蔓生的九重葛仍然攀在電線之上，遮去晨起東邊的太陽。一不做，二不休，索性來個徹底的整容。我拿起鋸子，鋸那如柱如桶的樹幹；我戴著手套，折那如荆如棘的藤蔓。血，沿著汗水滴下，我無暇顧及。鋸好之後，堆在前庭，我手持水管，點火燃燒，足足燒了半天之久。屋主看了，滿心歡喜！

後來屋主移居美國，囑請其兄回國處理。其兄一到宿舍，即以房屋必須整修爲由，要求租者立刻搬離。臨走時，其兄要我留下新地址，我也不以爲意。過了一個星期，深知我對房子一向費心的其兄，親自前來叩門，請我重回麗水街，代爲看管房子之後，也回美國去了。

喜出望外的我，懷著童話一般的心情，獨自住在這個大房子裡。因爲四周的圍牆已將外面的噪音阻絕，所以即使白天，這裡仍然異常寧靜。我盡情的讀、盡情的寫，整天都在紙上奔馳。累了，倚在寬敞的走道上，瞧瞧微風滑過葉間，迎面向我吹拂的溫柔；夜晚，坐在臨窗的桌前，欣賞蓮步輕移的月亮，輕盈的從我書上踩過。除了梅娜偶而帶小孩來此嬉戲，我們共享童言童語的歡笑之外，我彷彿不染塵煙的隱者，任性的過著完全自我的生活。

當然，我也歡迎要好的朋友來訪。每當春茶、冬茶才剛上市，建宏平時沉默寡言、遇到好友才機趣橫生的陳哲章副總，屢爲朋友設想、做的永遠比你想的還多的蔡秋文經理，福壽又是連襟又是好友，時常不辭百里而來暢敍的王榮裕副總，就會來此品茗。我們各取一個山頭，由低而高，依次沖泡。茶香伴著蒸騰的熱氣，逐漸瀰漫；茶味含著森林的氣息，頓時洋溢；而茶水則映著明朗的晴陽，一片金黃。我們從茶談起，邊聽音樂邊聊著天，聊到夜幕已經低垂、月亮已經西斜，仍然意猶未盡；聊得不知除了這裡之外，還有另一個明天必須面對的大世界！

這裡的美，這裡的好，使我捨不得一個人獨享。於是每個學期末了，一班各給五千元，邀請兩班同學都來庭院烤肉，讓同學們歡樂的笑聲，笑出青春的火花。每個學年末了，高三畢業之後距離聯考的日子，還有整整一個月，同學們時常爲了爭得一席讀書的坐位而徹夜排隊，而睡眠不足。於是我和同學們訂了一條簡單的規則：只要不影響我，同學們可以自由進出這個宿舍，讓同學們認真的身影，得以切進理想的大學。我深深的覺得，這個美得自在、好得自然的宿舍，一定能給同學們最多、且最美的回憶！

一分意外，使我居處在繁華的都市之中，而置身於世外桃源的宿舍之內。我每天除了教書之外，就是讀讀寫寫，就是全力的衝刺、任情的揮灑。如果我能有些成績，一定是這個宿舍默默的協助。二十二年，這裡比我出生的故鄉住得還久；如今宿舍早已蓋成大樓，但宿舍裡的一草一木，還是時常在我的腦海浮現；因爲，它才是我的昨天！

（中國語文六七六期、二〇一三年十月）

二七、偶　然

早上醒來，急急忙忙的走到院子裡，看看昨天探出頭來的蓓蕾，今天是否已經綻放了；已經綻開的花瓣，到底是紅、是白、還是深紫的顏色？是斑點、是條紋、還是漸層的色澤？是端整的千重、是浪漫的玫瑰、還是華麗的牡丹的花型？我喜歡驚喜，所以只要睜開眼睛，我就迫不及待的前去賞花。

茶花的花瓣厚實，可以使白的更白、紅的更紅、粉的更粉；天氣愈冷，花色愈美，花開得愈是燦爛。每一片初綻的花瓣，都有意想不到的變化，都能帶來一分新的喜悅。尤其在細雨迷濛的冬晨，潔淨如洗的茶花，更足以使你我的情操立刻昇華；所以在姹紫嫣紅的花草裡，我最喜愛茶花。

記得才領薪水，我和梅娜即興到花市走走，突然看到兩棵美感濃郁的小花，楚楚的向我襲來。我恍如在夢中巧遇美麗的小天使，兩腳頓時賴著不走，雙眼盯住無法外移。待一回神，我和梅娜一人一盆，小心翼翼的把它買下，從此開啓我們的茶花情緣。

我和梅娜到茶花群聚的陽明山，瞭解茶花生長的情形，我從璀璨多姿的茶花裡，一一品嚐不染塵煙的美麗之後，我才知道：看似大同小異，其實每一棵茶花都有自己的個性。只要用心的體會，仔細的聆聽，就能得知什麼叫做純摯、奢華？什麼叫做飄逸、豪爽？我們到茶花的故鄉雙溪，尋找臺灣茶花的源頭，我從滿坑滿谷的品種中，挑選我所喜歡的茶花之後，我才知道：喜歡某種茶花的人，可能就具有某種個性；因爲茶花的種類很多，不管其人的個性如何，都能在各式的茶花裡，相應的尋得。我更遠赴刻意栽培茶花的新竹和新社，欣賞茶花所謂的極致；我從百卉爭妍的花型、群芳競放的色彩裡，恣意享受大地的饗宴之後，我才知道：一棵茶花可以綻放迥然而異的姿容，一朵茶花能夠展現瓣瓣不同的風情；世界上只要夠格稱爲漂亮的花朵，在冬天盛開的茶花園裡，不但全數呈現，而且讓你一覽無遺！

因爲茶花只在三月花謝之後，才繼續去年的成長；六月以後，成長停滯，接著又是長達半年的含苞期。人們嫌它成長的速度太慢，於是廣泛使用油茶的根幹做爲砧木，大量嫁接。嫁接可以速成，可以聽憑己意，但卻違反植物的本性；尤其大大的砧木，上接小小的枝椏，無論從那一個角度看去，都是怪異！何況油茶與茶花的基因不盡相同，嫁接之後雖有數年的榮景，但不久即有殘枝敗葉的倦容，看了使人於心不忍。所以我只栽種原株，耐心的陪它慢慢的成長。

因爲茶花的枝條柔韌，可以供做盆養之用，於是人們把樹砍斷，只將一截短短的樹幹，硬擺到小得只能覆蓋一層沙土的盆中裝腔作勢，人們把它叫做盆栽。用鐵絲纏繞，用細木架開，凡是不合想像的都該剪除，無法雕塑的全數剷去；形狀雖然有別，其實千篇一律，人們把它叫做盆景。盆養的樹頭很粗，乍看好像大樹，其實只是侏儒而已。我喜歡會開花的樹，勝過會開花的花；因爲像茶花這種會開花的樹，一到花季，花朵由上而下立體的呈現，不但瓣瓣分明，而且朵朵精彩；不像一般的花草，只能以籠統的數大便是美、數多即成景來迷眩人們的眼睛。

我們種花，我們愛花，我們賞花，即使一片才剛抽吐的芽尖，也能讓我們感到莫名的喜悅。茶花油油田田的葉子，迎著陽光閃爍，好像長在樹上如夢似幻的翡翠，爲大地帶來盎然的生氣。茶花含苞的蓓蕾，顆顆晶圓，粒粒飽滿，有如豐盈的秋收就在眼前，使人情不自禁的期待。茶花微微吐露的花瓣，早已引起人們無窮的遐想，遐想這棵待展的茶花，即將揭曉什麼迷人的謎題？茶花滿樹綻放的花朵，彷彿才剛卸下面紗的美女，冷豔迷人；彷彿擁有一切，瞬間置身於美麗的帝國之中，而接受所有天使的禮讚。

茶花開的時候，我和梅娜總是駐足花前，像兩個貪婪的小孩，眼睛始終停在花朵之上。我喜歡茶花剛綻放時的嬌嫩，盛開時的嬌豔，斜陽下的嬌柔；今天有今天的意趣，明天又有另一番新的風采。我用我的眼睛攝影，用我的頭腦記憶，隨時觀察花的變化，即使一條網脈、一抹飛紅，我也不想錯過。因爲不由自主，因爲強烈的感動，我拿起筆來寫茶花的詩、茶花的文，將大地最經典的美麗，一點一滴的洩露出來。我自忖無法投入茶花專業的栽培，但至少我可以用我的筆，參與這場絕美的盛會，回饋我們所鍾愛的茶花族群。等到花落的時候，我把茶花拾起，一朵一朵放在白色的盤子裡，將完好的花瓣夾入書中，明年，它就是一張薄得透亮、美得高雅的花片。然後一瓣一瓣撕開，輕輕的從手上飄入桶中，讓茶花款款多情的回眸，深深的著在我的心上！

我曾喜愛玫瑰的浪漫，但卻嫌它的花瓣太薄，薄得無法盡情的奔放；我曾喜愛蓮花的端整，但卻覺得它的花型太匠，匠得難有意外的驚奇；我曾喜愛牡丹的華麗，但卻感到它的花朵太散，散得凝聚不起深度的美感。直到我與茶花相遇，我才知道什麼叫做喜愛！難怪帝俄時期的貴族，赴宴時必在胸前別上一朵白色的山茶，以表尊貴；韋瓦第的歌劇茶花女，手上常有一捧茶花，以表純潔；法國的精品香奈兒，每年必以茶花做爲設計的主軸，以表不俗；因爲，茶花真的很美！

又，榮獲神農獎及全國十大青年獎的曹春呈先生，每天在陽明山上快樂的與大地一起生息，不但借我土地恣意栽植，而且教我諸多種花的技巧；大恩大德，銘感難忘。閒來與花交心，時常加入茶花沖泡出絕頂好茶的蔡秋文經理，不但長期爲我看顧茶花，而且除蟲、鋤草、澆水，樣樣都來；此情此誼，常在我心。經營雙溪茶花莊的莊崇祥、莊豪雄兄弟，徜得茶花園中、每天對著茶花讀書寫字的蔡榮祥、許淑華伉儷，遍覽各地名花、且將養蘭技術移來培植茶花的陳中光、鄭惠玲伉儷，廣尋茶花珍貴的品種、已在三星購置土地以遂心意的林文雄、黃秀雲伉儷，不屑人間是非、日以茶花享受生活情趣的黃錫麟、許嘉蓁伉儷，都是高雅之士，都是酷愛茶花的同好，所以我謹在此寫下這段屬於茶花的美談。

（中國語文六七八期、二〇一三年十二月）

二八、旅　遊

一、路易絲湖（加拿大）

如果能夠任我選擇，我將永遠住在路易絲湖。

路易絲湖，位在加拿大的落磯山脈，前有終年積雪不消的維多利亞山，兩側則有翠綠茂美的峻嶺；冰山的白與峻嶺的綠，彼此相互輝映而成大地特殊的景致。無論在什麼時候、從任何角度看去，都能看到一幅相同的圖畫。

每年春天，維多利亞山的冰雪融化之後，流入路易絲湖，形成一個藍色的湖泊。湖水平靜，只有微風吹過，才會縐起圈圈的漣漪。湖水澄澈，伸出手來輕輕的拂弄，沁人的涼意就會順著指尖傳導，引起心靈陣陣的悸動。尤其在藍天之下，在冰山翠嶺之間，更是一處遠離凡俗、遺棄塵囂的世外桃源。

來自各國的遊客雖然不少，可是到了此地之後，有的駐足欣賞，忘了自己身置何處？有的環湖散步，邊走邊停，最後只好靠在樹旁，發出一聲一聲長長的讚嘆。路易絲湖的大，使你我得以優遊自如，得以各據一角慢慢的欣賞；路易絲湖的美，使人們個個成了詩人，個個都能講出從來沒有講過、如詩一般的語句。所以英國女王來到此地，在徘徊流連、難以忘懷之餘，特地把它取名爲「路易絲湖」。

生在臺灣、長在臺灣的我，雖然熱愛這片養我、育我的土地，但在看山、看海的同時，總是覺得少了一些什麼。到了加拿大，我才知道這分靈氣，就是不同；即使閉起眼來，只用皮膚感覺，也能清楚分辨路易絲湖特有的氣息。我生不能住在路易絲湖，但願我死之後，靈魂能夠飛渡大洋，永遠在落磯山脈的藍寶石——路易絲湖畔徜徉。

（中國語文五一四期、二〇〇〇年四月）

二、班夫（加拿大）

捲起窗簾，推開窗戶，隨著逐漸明朗的天色，我看到了一幅真實自然的圖畫。這幅圖畫，就在一個小鎭，就是加拿大西部落磯山脈上的班夫。藍道山橫在鎭的北方，山上棵棵挺立的樹木，不但翠綠，而且乾淨，彷彿才被雨水仔細的清洗。

山下城堡建築的溫泉旅館，藏在滿是森林的樹海裡，尖尖的塔頂，直接戳破藍天，而在初陽的照耀之下，褪去昨晚遮在鎮上的夜幕。

鎮上整齊的街道，雖然不寬，卻也夠用。來往行駛的車輛，疏疏落落，一一點綴在清晨寂寞的時空裡。東端有座石塊砌成的古橋，斑駁的橋面，一步一個回憶，步步都是班夫難忘的記憶。西邊則有雄偉陡峭的冰巖，擋在前頭，雪白的峰頂，一眼一個驚喜，眼眼都是小鎮深長的歡喜。

有畫廊，有餐館，還有專賣日常用品的街上，一家挨著一家，看似熱鬧，其實一點也不喧嘩，家家溫馨可愛。服務人員殷勤友善的微笑，笑在大街小巷，笑開了遊人還未鬆綁的心。鎮上偶而會有一些不大不小的學生，三五成群的排在人行道上，一起彈奏好聽的民謠，一起表演好看的歌劇。只是現在的時候還早，所以寧謐如謎的班夫，鎮裡鎮外，一片沉寂。

早晨清新的空氣，迎面襲來；我輕輕的拉上窗子，踩下樓梯。我不想僅僅做個佇足旁觀的欣賞者，我要走進班夫，走入這幅恬靜優雅的圖畫裡。

（中國語文五二二期、二○○○年十二月）

三、維也納（奧地利）

藍色的多瑙河，輕快的、優雅的流著，流經散落坡地的房舍，流過雄踞山頂的城堡，流入首都維也納的市區之後，從此靜靜的躺著。澄澈的水，洗去了帝國濃膩的鉛華，重新展現維也納人自然樸實的個性；寬廣的河，融進了異國多樣的文化，再度散發阿爾卑斯民族熱情奔放的特質。

河的南端，森林隨著逐漸高起的山勢，依次搖曳在維也納不遠的郊外。郊外潔淨的森林，有時稀疏，有時繁密，有時成群站在蔚藍的晴空之下，俯視綠草如茵、葡萄成行的山谷，綿延而成一望無際的原野。維也納充滿詩意的森林，柔美的旋律到處飛舞，所以貝多芬在這裡散步，莫札特在這裡沉思，史特勞斯也在這裡譜寫了常被演奏的圓舞曲。

森林的下方，藍天整個掉在多瑙河裡，映出維也納多彩多變的建築：富麗堂皇、對稱工整的巴洛克宮殿，高聳入雲、精雕細琢的哥德式教堂，造型簡潔、線條明快的純希臘議會，同時矗立在維也納悠閒的街道上。是古典的、是現代的並不重要，它們只想細訴維也納從前的傳說，和可能已被人們遺忘的故事。

維也納曾是阻止土耳其長驅直入歐洲的要塞，也是奧匈帝國抗禦鄂圖曼人向西挺進的堡壘。戰爭，隨時都會發生；思想，隨時都在激盪。於是維也納長期的、不經意的吸納近東的文化，孕育而成中歐最具特色的文明。歷史走過的足跡雖然鮮明，但卻不曾停住維也納現代化的腳步；科學帶來的衝擊雖然不小，但卻沒有改變維也納典雅、和諧的風格。我信步沿著河邊走著，一時之間，竟然無法分辨自己究竟是臺灣人，還是奧地利人！

剛到維也納，我驚嘆的說：「地球表面，怎麼會有這麼漂亮的地方！」離開維也納時，我慶幸的想著：「真好，我曾經來到了這裡！」

（中國語文五二一期、二〇〇〇年十一月）

四、羅騰堡（德國）

最近從德國買了一個咕咕鐘回來，掛在客廳，遇到半點就叫一聲。叫的時候，小鳥推開木門，走出小屋，站在鐘的頂端，用力鼓著嗓子報時。咕咕、咕咕的叫聲，聽在久違自然、只能深居都市的我們耳中，不但親切，而且彷彿處在微風輕拂的樹林裡。

有時我們刻意坐在沙發上，屏氣凝神等待悅耳的鐘聲；有時我們偶然的聽到咕咕、咕咕的叫聲，大家你看我、我看你，彼此露出會心的微笑。咕咕鐘的時間雖然不準，我們卻不想加以調整，因爲我們要的，不是時間，而是叫聲，而是小鳥走出屋外鳴叫時，那種歡愉快樂的氣氛。

小琪左看右看，左想右想，終於想出咕咕鐘爲何總是不準的原因，寫成一首短短的小詩；說咕咕鐘因爲想念德國的城堡、黑森林的空氣，而害了嚴重的思鄉病，所以一個小時慢十分鐘，慢了一天之後，就可以回到故鄉的時空裡了。小翔老是好奇的瞪著咕咕鐘，好像一隻嘴饞的小貓，想把咕咕鐘拿下來分解，弄個清楚，但因沒有把握重新組裝而做罷。

德國的羅騰堡，堡上有眺望全景、可供行走的步道；堡裡打破帝王侯爵才能居住的慣例，平民百姓櫛比鱗次散在路的兩旁。堡裡的路，筆直的、乾淨的，全由一塊一塊深灰色的小石板鋪墊而成。走在路上，整齊一致、輕盈活潑的招牌，正向來往的行人，殷勤的揮著手。店裡陳列的手工藝品，享譽國際已有千年之久，尤以咕咕鐘更是常被收藏的對象。羅騰堡的咕咕鐘，外表古樸，雕刻俐落，寥寥幾刀就已呈現德國黑森林整體的輪廓，因此人們時常爲它是工藝品、或是藝術品而爭論不休。

我喜歡咕咕鐘，因爲鐘裡叫著咕咕的小鳥，每天帶給我們全家無數的歡笑，但卻獨自暗暗的想著羅騰堡，想念德國起伏有致、滿眼翠綠的黑森林。

（中國語文五二〇期、二〇〇〇年十月）

二九、輔導網

我們一行六人依序坐定，華江高中已將全校國文老師在教學上碰到的問題，匯整而成B四的紙兩張，擺在桌上，要求我們回答。我隨手拿起紙張，站起身來，以興奮而又緊張的心情，逐題講解，一口氣講完之後坐了下來，過了數秒，全場響起如雷的掌聲，這是我擔任輔導網教師的初體驗。

根據教育部的規定，全國計分臺北市、高雄市、臺灣省三區，三區各自挑選各科優秀的教師五至六名，組成訪視區內各校的輔導網。臺北市國文科教學輔導網的六名輔導教師，有電腦教學、有吟唱教學、有作文教學、有課外閱讀教學，各依專長，各有所司。至於我，我負責課堂教學、新詩教學及所有疑難雜症的回答與說明。

我認為一位好老師，必須在課前充分的準備，課堂詳細的解說，並以課文為基點向外旁涉，凡與本課有關的知識，一併納入教學之中，才能盡到老師的責任。因此我趁訪視之便，大力行銷字字精解、句句詳譯、語語剖析的教法。我舉進度上的課文爲例，當場示範；我在文言講完之後，又以語體爲例，一一的解說。我自信我的教法深得同學之心；如果我對國文教學不能有什麼偉大的貢獻，至少也該讓我當個獻曝的野人，爲臺北市的國文教學，加進一點溫度；因爲輔導網對我來說，就是分享！

能說能寫，是國文教學最直接的目的；但在國文各項教學之中，就數作文教學最籠統。遇到作文課時，通常命個題目就算了事；即使有所提示，也是幾語帶過，同學們很難得到具體的引導。既然有機會成爲輔導教師，就得設法改變這種相沿成習的風氣。於是我將電影拍攝的手法：記錄片、經驗片、生態片、文學片、幻想片用在寫作之上，提出一套寫作的方法。以提出問題、製造問題、留下問題、強化問題，把「設問」修辭擴大爲寫作的技巧，希望老師們能在覺得新鮮之下，有所體會，有所突破。我更大膽的宣佈：不管老師或同學，如在寫作或教學上遇到疑難，我都願意接受諮詢；因爲輔導網對我來說，就是挑戰！

國文老師將大半的時間投在古文之上，較少抬起頭來看看外面的世界；由於所學、所習、所接觸的都是古文，久而久之，古人的想法就是我的想法，古人的標準就是我的標準；生在文明的現代，想法、做法卻仍然停在二千五百年前的春秋。於是我在訪視學校時，偶而也會故意拋出話題，將孔子因管仲後來輔佐齊桓公有功，而認爲曾經叛主投敵的管仲，可以不顧大義——不必爲糾殉死的雙重標準，攤在眼前；將諸葛亮因後主未能完全信任而寫出師表、李密爲保名節而寫陳情表、韓愈未能生前照顧姪子而寫祭十二郎文的三大抒情絕作，撕去僞裝，直探心靈，期能打破歷來人云亦云、先入爲主的觀念，期能引起深度的思考，並提出屬於自己的價值判斷；因爲輔導網對我來說，就是激盪！

由於大同高中是下一個計畫訪視的學校，該校教務主任吳麗卿老師，曾作澎湖才有的天人菊新詩五首，同屬輔導網的洪澤南老師，要我代爲分析。我想與其一首一首分析，不如用一個主題加以串聯。我將詩作仔細檢視之後，即以「新詩轉換的寫法」邊講理論，邊提詩證，結果贏得相當的好評。這次成功的嘗試，使我一腳踩進新詩理論的領域之中，興趣盎然。即使後來我到開平中學，校長一時興起，拿出該校的比賽詩作要我講評，我也可以即時修改，即席講解，一點也不緊張，因爲輔導網對我來說，就是觸發！

輔導網每學期訪視三至四所學校，訪視的學校數雖然不多，但身兼輔導網的工作，卻使我的思緒大爲迸發。我曾經一邊開車，一邊想著等一下該講些什麼？想著、想著，突然想到有一次梅娜自遠處走過來的情景。靈機一動，就以「她」爲題，寫了一首新詩：

她像一朵開在行人眼上的花／緩緩走出雅典古城、羅馬古道、史特林古堡的優雅／驚起一路遐想
心如葉子忘情的掉在她的身上／擷取一點美麗／把腦中的記憶凍結／雀躍的單獨的留在夢裡

一到學校，我以這首詩爲例，將在腦中思考創作的過程，整個完整呈現，大談新詩寫作的方法。結果一個多小時的演講，不但流暢，而且精彩。走出延平中學，我滿心愉悅；因爲輔導網對我來說，就是遊戲！

記得中國總理溫家寶出訪墨西哥時，對著早被清國割讓日本、如今並不屬於中國的臺灣，高吟余光中鄉愁四韻的詩句，假借莫虛有的鄉愁，對臺統戰。我看了這一則新聞，很不齒、也很不以爲然，於是隨手寫下阿拉斯加一詩，加以諷刺：

帝俄的弓射入太平洋的箭／太遠／又被冰雪封住／無法納入袋中／七百二十萬美元／尼古拉二世把國界畫出白令海峽／暗自竊喜

將箭拔起／星條為籬／如湧泉如奔瀑如浪濤／循著油管／地心熔爐的火／點亮整個天空／一西一東／與自由女神一起光耀美國／一北一南／與夏威夷連成一道防線／阻絕普羅米修斯前來盜取／一百五十二萬平方公里／亞美利堅旗上一顆閃亮的最大的星

每天晚上／俄羅斯人望著東邊的海／一縷鄉愁／油然而生

溫家寶又不是臺灣人，對臺灣會有什麼鄉愁？溫家寶所謂的鄉愁，正如野狼垂涎無法到口的獵物一般，只是中國企圖吞併臺灣的醜態罷了。中國對臺灣的覬覦和俄羅斯對阿拉斯加的悔恨，有什麼兩樣呢？我在該次訪視，就以這一首詩、這一個事件爲主題，足足講了將近一個小時，在老師們從不吝惜的掌聲中，我很感動；因爲輔導網對我來說，就是共鳴！

先由輔導教師報告，然後再由各校老師提出問題，這是輔導網訪視的行程。每一次輔導網訪視學校，都得面對該校全體的老師；每到一個學校，或多或少都有等待回答的問題。只要是問題，不管大小，都是我的工作，我一律採取即問即答的方式，給老師們最具體、最明確的答案。老師們聽了，如果還有疑問，可以再問，直到滿意爲止；十二年來，我固定第一個報告，我不曾被人問倒。其他各區、各科都聘有教授隨行指導，唯獨我們臺北市的國文科，從來不需要教授前來指指點點；因爲輔導網對我來說，就是成長！

本來只在象牙塔內教書、寫書的我，因爲參加輔導網而得以走入十字街頭，體會高中教學的生態，並結識各校諸多的朋友。如今回想起來，當時一個不很情願的決定，原來正確無誤！

（中國語文六七五期、二〇一三年九月）

三十、作文教學

我應時任社長的詩人梅新先生之邀，參加國文天地第二期所舉辦的座談；會中梅先生要我一邊說明、一邊作文，示範課堂上的作文教學。我將首段分爲正說、反說、複述、結論四小節，然後以在場老師隨口所命的題目「完美」爲題，講解正說：「凡事力求完美，一如藝術品追求無懈可擊，達到真善美的境界；做人一定要圓融，因爲圓融才能促進人際之間的和諧。」反說：「藝術品有了瑕疵，可能影響到整件藝術品的價值；人格有了缺陷以後，其地位也很難再加以挽回。」複述：「也許世界上沒有十全十美，可是我們卻應該追求完美；因爲只有完美，才能闡揚人性的光輝，讓人群更爲和諧。」結論：「所以不管我們才力如何，只要生而爲人，都應朝這理想奔進；也許我們無法達到目的，但至少我們一直向著目的前進，而使我們的生活更有意義。」梅先生聽了，很高興的說：「不錯，很精彩！可見作文的學習也有脈絡可循。」這已經是二十八年前的往事了，但它卻是我一生作文教學的堅持！

先講作法，做爲寫作練習的依據；作法提出之後，請同學們當場命個題目，然後我以作法爲主，以同學所命的題目在講臺上邊作文邊講解，即席唸出一段或一篇文章來。我能以自己提出來的作法寫成文章，表示此一作法確實可行；我能在講臺上即席作文，同學們拿起筆來，應該也能在紙上完成吧！同學們如有自己的想法，就用自己的方式寫作；如果沒有，至少還有我的方法可以依循。作法講解之後，如果同學們面有難爲之色，而遲遲無法下筆，此時我就再將作法分得更細膩，講得更具體，把同學們本來不著邊際或無從開啓的思緒，引入一定的範圍或固定的渠道之中思考；使同學們在大範圍中無法思考的窘態，得以在小渠道裡立刻摒除。這是我在課堂上的作文教學；我這方法不但可以教得實實在在，教得心安理得；同學們也能學得踏踏實實，學得心悅誠服。即使面對數百人或千人以上的演講，我仍然以此方法縱橫全場！

只由個人苦思冥想的作文課，久而久之，也許會使同學們失去寫作的興趣，因此我偶而也會採取共同參與的方式教學。先由同學們命題，做爲全班共同的題目，然後以「句」爲單位，一句一句寫在黑板之上，要求大家一起思考。同學們可以自由發言，自行接續；如果同學們接續不了，再由老師幫忙填上。於是以「山」為題的作文：由「山，讓平凡無奇的地球表面，多了不少趣味」，而「使無數才華橫溢的騷人，寫下了永世不朽的詩篇」。而「連結在時間流轉之中，令人遺忘的記憶」，而「提供萬物歇息的場所」，而「並絕緣了無盡的殺戮」，而寫成一段完整的文字。課堂結束之後，再由同學們另作一篇，做為練習。因為逐句填上，所以文章發展的脈絡清晰可感，不但可以藉此訓練同學們的邏輯思考，而且還能寫出較具結構的作品來。

引導教學，雖然不是亦步亦趨、照單全盤接收；但因為有所引導，所以自然形成另一種有形的限制。如想打開同學們的頭腦，使思想的翅膀得以自由飛翔；打破既有的規則，讓文章寫出屬於自己的內容，則非提出令人耳目一新、甚至悚然而驚的作法不可。於是我以「因為、唯有、事實上、為什麼」一組語詞，做為強迫思考、自然接續的作文方法。在同學們行文中斷、不知如何接續下去時，只要把這一小節寫完，畫上句點，然後大膽寫上「因為」二字，就自然能將上面的文字，化成申論題，自然就能把下文寫出來。大膽寫上「唯有」二字，自然能將上文諸多的敘議，加以歸納，自然就能提出一己的看法。大膽寫上「事實上」三字，自然能將上文抽象的敍議拉回具體的現實，自然就能抒發自己的感受。大膽寫上「爲什麼」三字，自然能將自己爲何如此敍議的原因，整個傾洩出來，而自然完成該段文字。此法先由同學們隨意擷取四小節文字，我各自接續而成四個段落之後，才讓同學們動筆練習。強迫思考之下，同學們得以反思、得以馳騁、得以使思想開疆闢土，誰說這不是一個絕妙的方法？

作文是說話、是寫作、是反應的訓練，是思考、是素養、是能力的表達，所以只在課堂上寫作，無法把作品寫好；唯有突破既有的模式，多向的嘗試，才能激出收發自如的泉源。於是我帶領全班同學，前去大屯山自然公園，置身青山綠水、遍地如茵的原野裡，每人各寫五十個讚美的語句。我率先提出造句式的排比方法，建議同學們在等車、在走路、在下課零碎的時間裡，隨手選取一個語詞，放在一、三兩句固定的位置上，然後從腦中設法造出四句一節的文字。（如：「多少」荒唐的歲月，輕輕的伴著緩慢的成長而消失了；「多少」可貴的時光，匆匆的隨著玩愒的嬉笑而流逝了。）我更打破一般作文的慣例，要求同學們在相同的題目上，每段都只能從正面或反面來寫，我以記敘、抒情、議論各寫一段，或以二百、四百、六百字以上各寫一篇題目相同的文章，去除同學們惰性的思考習慣，而將思想的觸角，極度的伸展出去！

作文課，是我和同學們共同參與的時間，是我們之間距離最近的時候。我可以引導、可以觸發，我們可以一起討論、一起思考。我從同學們的作品中，調整作文教學的方式；我從作文實際的教學裡，得知作文更新的作法；我曾經指導同學過關斬將，一路贏得全國作文的首獎，而獲得教育部頒獎嘉勉。同學們是學習者，同時也是作文訓練的實證者；在我們班上的作文課裡，發言始終踴躍，而且笑聲從未間斷。直到今天，只要有人向我請教，我的耳際就會依稀響起同學們在作文課裡歡樂的笑聲！

（中國語文六七七期、二〇一三年十一月）

三一、校外教學

乍暖還寒、陰晴不定的春天，難得能有天朗氣清、陽光普照的時候。下課的鐘聲響起，我興致一來，隨口宣佈：「我帶你們到外雙溪的山上看夕陽，下午四點半，準時在校門口集合，想去的同學，一定要打電話向父母徵詢。」

時間一到，同學們懷著既興奮又狐疑的心情，不知道導師葫蘆裡頭賣的是什麼藥。因爲全班到齊，人數不少，我們沒有選擇，只能搭乘公車。公車沿著蜿蜒的山路爬行，路旁配合山勢修建的公寓，時而擋住覬覦外窺的眼睛，時而大方露出如浪如濤的綠意。到了山頂，住家都在腳下，綿延無際的小樹林，將起伏的山頭鋪成一片柔軟的絨毯。夕陽已經西斜，朵朵白雲鑲著金邊，像火燃著即將融化的雪；雪未見減少，光卻逐漸暈開。再次西斜的夕陽，把光投在白雲之上，皎潔的雲由金變黃，黃裡透著鮮亮的紅彩，一朵一朵靜靜的貼在天上展示。最後，肆無忌憚的灰，由山下迅速升起，遮去剛才仍然繽紛的天空，只留下大地悵然的迷濛。我要求同學們回家之後，將夕陽細微的變化，依次條列。

我認爲文學或藝術的本質，就是遊戲；大家都能遊戲，爲何只有少數人能夠成爲所謂的「家」呢?原來遊戲只是開始，由遊戲而進入興趣，而投身其中，才能結出令人稱羨的果實，西班牙建築大師高第先生，就是一個最好的例子。我徵求願意接受震撼、願意一睹風采的同學，一起前往參觀。

班上同學經我一說，大都來了。我在南海路上的國立歷史博物館前，把票買好，一起進場。事前我已吩咐同學查閱資料，已將準備的功課做好；爲了不讓同學們只看、看得走馬賞花；只聽、聽得一知半解，我們婉謝導覽小姐的好意，自己摸索。同學們在展點之前，想看多久就看多久，如果光看還嫌不足，可以彼此低聲的討論。不管人群如潮如湧、一波一波向我們推擠而來，我們有如長在近海的水草，隨著人群浮蕩，就是不走，就是想看個夠。走出館外，同學們一個一個坐在石階上，希望法外開恩；但我還是要求他們隨意挑選三個震撼，各寫一段心得。

臺北四面環山，山上各有不同的景致。如果住在臺北只知工作而不懂得玩耍，就是暴殄天物；只往人多的地方而不能靜下心來獨自欣賞，就是抹煞性靈；只在住所附近遛達而不想來個尋幽訪勝，就是不會生活。自從我與大屯山自然公園邂逅之後，有事沒事我就帶著家人一起郊遊。我喜歡這個地方，我問同學們是否去過？結果同學們希望能以作文之名，藉機一遊！

恬靜、自然的公園，除了偶而傳來幾句鳥語之外，整天沒有多餘的聲音；湖裡悠游的魚，即使好奇的探出頭來，仍然小心翼翼，唯恐驚起太多的漣漪。我和同學們走在整齊潔淨的棧道上，環湖一周，盡情享受美好的風情；然後踩著嵌在地面的石板，與山相親，恣意擷取自然的靈氣。我請同學們放鬆心情，隨意坐著、躺著、臥著，皆無不可。既然是校外教學，就得認真的上課，只是這一次的課本不是書，而是一個歐式的美麗公園。我要求同學們用皮膚、用耳朵、用眼睛仔細的體會之後，將公園的美化成詩意的文字，每人各寫五十個讚美的語句。

從小我就喜歡畫畫，長大之後，只要看到印有西洋畫作的卡片，總是情不自禁的掏出錢來。不能成為畫家，至少也該做個懂得欣賞的人；於是看畫展成了我最廉價、也最期盼的事情。剛好故宮博物院舉辦十六至十九世紀、法國羅浮宮珍藏的名畫特展，於是我和同學們講好，相約須從諸多的名畫裡，各自挑選自己的最愛，並具體說出喜愛的理由。

想瞭解西方的繪畫，就得先看希臘的神話和羅馬的歷史；想進入繪畫的世界，就得翻查聖經的故事和各地的傳說。這個星期我們很忙，忙著找書，忙著看書，忙著請教。因爲一週的時間實在太短，同時我們也按捺不住美景在前的誘惑，因此我到展館購買圖文並茂、幅幅都有解說的介紹七本，每排一本，輪流閱讀。週六下午，我們頂著炙熱的太陽，走進名畫多彩的世界，直探畫家豐盛的心靈；我們一面欣賞，一面回想；如果想不起來，沒關係，還有隨身攜帶的七本介紹。我們貪婪的眼睛從頭到尾，不曾離開畫作；直到閉館的時間已到，大家才心不甘、情不願的走了出來。結果，我最喜歡柯賀的「靜泉之憶」。

建中的學生在學校、在補習，夜以繼日，實在辛苦。於是我以十分瀑布的源頭爲目的地，答應帶隊一遊。

一般人只知道有十分瀑布，卻不曉得這個瀑布之上，還有另外三個更爲自然的瀑布；一般人只讚嘆瀑布傾洩而下的澎湃，卻不明白瀑布上方雄奇的斷崖，才能叫人驚心動魄。我們搭小火車到三貂嶺站下車後，沿著鐵道步行；不久，即從樹林的缺口切入。浩浩蕩蕩一行數十人，兩人一組相互照應；有時走在枝條低垂的小徑，有時就得攀著樹根，半扶半爬的迤邐而上。瀑布之上必有斷崖，斷崖泛濫的水流，不斷向下崩墜；向下崩墜的水流，時常引起賞瀑人陣陣的驚呼。我們站在斷崖之上，有些不屑，也有些得意；「振衣千仞岡，濯足萬里流」的豪情，一時噴薄而出。同學們這才相信，楊老師的話聽起來很誇張，但卻句句真實！回到三貂嶺站，我問同學們好不好玩，大家高聲喊道：「還想再來！」

大學剛畢業時，有大公司想重用我，我拒絕；在宴席上，有大企業想投資我，我拒絕；在建中時，有大人想栽培我，我也拒絕了。我的心願很小，只想當個教書的老師，一輩子平凡得從容自在，平凡得無掛無礙；直到現在，依然不變！

（中國語文六七九期、二〇一四年一月）

三二、一個起點

民國七十年，文史哲出版社陸續爲我出版「高中國文課文析評」一書之後，恰巧蘇樹宗兄須到黃錦鋐老師家聯絡班上的事情，於是我們一起前往。黃老師一開大門，蘇兄說明來意，我馬上恭敬的奉上預先準備的「析評」。黃老師翻了翻、看了看，停住好一會兒才問我：「你是怎麼想出來的？」

不管「高中國文課文析評」，還是後來擴寫而成的「歷代古文析評」，都以楊式的文章析評方法爲其主軸。這套析評方法的發現，只是偶然，只因我在閱讀詩詞時，想於音韻格律之外，更進一層體會文中的意涵。於是我試著打破章節，拆解字句，重新按照自己的方式組合，結果證明我的想法確實可行（如文天祥正氣歌析評：請詳見「高中國文課文析評」第五冊第十四課、民國七十一年文史哲出版社出版）。

一般人對於文章的分析，通常都只能放——不斷的開展細分，而不能收——節有節的小結，段有段的收束，篇有篇的總結。我想起在大學時期，王更生老師曾要求我們每一位學生，暑假期間必須背滿二十篇文章，待開學上課時，先交篇目，然後任其抽背。當時年輕氣盛的我，心想王老師專攻劉勰的文心雕龍，不如就背文心雕龍吧！當我把整本書背完，我從五十篇文字裡，提煉出「首尾圓合」（即「首尾一體」）四個字，做爲評賞作品組織與結構的參考。於是我決定以「首尾圓合」的概念爲基調，從事詩文的分析與圖表的繪製。

文字簡短的詩詞，可以依此方法清楚的分析，如果擴至文章，是否也能一體適用呢？我隨手拿起韓愈的師說試作分析，沒想到竟然完全成功（請詳見「歷代古文析評」唐宋之部、民國七十三年文史哲出版社出版），因此我正式提出這一套文章析評的方法。假使運用得當，以這套析評方法分析時，作品將有如置於顯微鏡下，枝幹條理自然分明。但這套方法也有致命的缺點：凡是利用這套方法來析評，文章若有未能吻合「首尾圓合」之處，析者必須設法加以補實，否則分析出來的結果、或繪製而成的圖表，就不夠完好。所以乍看篇篇都是佳作的文章，其實並不盡然；析者如在文後未能加以說明或做深入的探討，讀者可能囿於析者的解說，無法徹底而平正的鑑賞。儘管如此，這套析評方法在分析上、在教學上，的確好用！

其實這套書的出版，並不順利；當我拿著原稿，興沖沖的跑到文史哲出版社，請求彭正雄先生幫我出版時，彭先生的意願很高，但因王更生老師很不以爲然，認爲這些東西只能當做自己教學的資材，不具出版價値，而且沒有資格和他們這些師大教授的書籍並列。我當下有些沮喪，也有一些不甘，於是我將原稿原封不動的搬到周何老師面前，請求老師指教。周老師看完之後說：「當然値得出版！但你有沒有想過：你不應只爲古人做事，你也有能力爲自己做事啊！」當時似懂非懂的我，一時只能愣愣的說：「老師的意思，我好像知道。」我把周老師的意見，一五一十的告訴彭先生，彭先生當下桌子一拍，說：「出了！」我在欣喜感動之餘，鄭重的對彭先生說：「爲了報答您的知遇之恩，日後凡在文史哲出版的書籍，我一律不拿稿費！」

「高中國文課文析評」出版之後，一時蔚爲風潮：民國七十三年十二月，林明乙先生發表在中國語文第三三〇期的「正氣歌並序析評」一文，直接採用我的結構分析闡述。民國七十五年五月，建中楊永英老師於國文天地第十一期，撰寫「高中國文課文析評讀後」一文，勉勵有加。爲了讓更多的老師們瞭解，我以「教學示例——顧炎武廉恥」爲題，將這一套析評方法刊在國文天地第五期上。從此師大國文系三、四年級的「國文教材教法」及「教學實習」，開始採用這個方法；師大的學生商店，陳列代售這套書籍；全國高中的老師們，幾乎人手一套做爲教學的參考；甚至教科書開放之始，教育部還明訂各出版社編寫高中國文教材時，每課必須附上文章分析表。

以文章析評爲主的「高中國文課文析評」，甫一出版，即得臺灣省教育廳、臺北市教育局的著作補助，並榮獲教育部的研究著作獎。修辭學權威、師大黃慶萱老師，致電蔡宗陽老師，希望能夠認識我。我懷著虔謹的心情登門拜訪，從此黃老師把我視爲晚輩，不但教我、導我，而且一再的叮嚀，一再的囑請杜忠誥兄轉告我，務必繼續升學，直至拿到博士學位爲止。我因自家、老家的家計難挑，因不屑學界師承的風氣而忍痛作罷。時任孔孟月刊總編輯的政大董金裕老師，也因文史哲彭先生的推薦，要我執筆孔孟月刊的教學專欄，結果一寫就是二十七年。如今回想起來，兩位大師的風範，的確不俗！因爲「析評」一法，因爲「析評」一書，我的人生就此展開！

如今，人人都在援用、也都能夠自由化用的這套文章析評方法，早已普及流行得不足爲奇了。但因這套方法而承蒙彭正雄先生、周何老師、董金裕老師、黃慶萱老師的栽培與肯定，則始終在我的心裡細說從頭！

最後，我以新詩「信使」一首，做爲本文的總結：

信使

被蘋果砸出萬有引力的牛頓
手持定律墾拓一片可栽可植的沃土
隨軍艦東航西澳的達爾文
眼窺進化而霎時打開人類掙離原始的祕史
因為新知

新知，是思想與文明邂逅的火花
它讓活在萬古長夜蒙昧無依的人們
得以瞧見幾許點燃希望的星光
新知，是進入文明唯一的密碼
它讓源自東非四腳著地的猿人

傲然挺立為人
如今乍看知識暴漲、資訊漫溢的巨流
其實礁岩處處

誰能清除礁岩洶湧壯闊的河道
而不只是炫耀一時舟行的僥倖
誰能耕鋤繽紛風情的田野
而不只是釘補一個貌似完整的自己
如果我是傳達人間信息的使者
我將謹向上天稟告：
很多

（中國語文六五五期、二〇一三年一月）

三三、一個句點

民國七十年，文史哲出版社的負責人彭正雄先生，爲我出版「高中國文課文析評」一至六冊，並以此書與「強者的塑造」，向時任孔孟月刊總編輯的政大教授董金裕博士推薦。

彭先生和我約在孔孟學會，一起前去拜訪董老師，董老師與我素昧平生，但一看到我二話不說，馬上要我執筆孔孟月刊「教學園地」專欄。民國七十三年，我雖然已經從教多年，卻是一個不折不扣的無名小卒。接受老師這個指示，一則以喜，心想可以藉此好好的把自己想寫的東西，逐月逐篇的發表出來。一則以憂，擔心並無學術經驗的我，一下子要在素負盛名的孔孟月刊上，與諸位前輩一起列名，當下惶恐的心情，不言可喻。我懷著既緊張又興奮的心情，一篇一篇的寫，一期一期的刊，待一回頭，二十七年已經過去了。

我在「高中國文課文析評」一書，雖然首先提出一套兼具圖表的文章析評方法，而廣被採行，但此方法只是文章分析的工具，不是學術；只是深入教學的技巧，不能視爲研究。於是我猛然想起，當初因師大某位王姓的教授堅持異議，不讓彭先生出版這套書時，我曾拿著手稿向周何老師請教，周老師看完之後說：「你不應只爲古人做事，你也有能力爲自己做事啊！」當時似懂非懂的我，如今一想，原來周老師的意思是：我不應只爲別人分析他們的文章，我也有能力撰寫屬於自己的理論。於是我以自己的理論爲主，以古今的文章爲例，逐篇提出自己的看法，並逐漸建構自己的文學理論。

寫作的方向和想寫的內容決定之後，馬上面對如何命名的問題。因爲既然是專欄，既然單由一個人來執筆，如果命名的方式篇篇不同，不但顯得零亂，而且一定無法持續太久。於是我將本來應作「論筆法——以韓愈祭十二郎文爲例」的第一篇文章，直接改爲「韓愈祭十二郎文筆法論」。「作者十篇名十論」，自二六六期至四三八期，成爲我每篇文章固定的篇名，直到興趣轉向新詩的理論，篇名才隨之而變。

二十七年來，我從文章理論寫到新詩理論，從整齊工巧轉變而成清暢平易的文辭；我從援引古文而兼取近人的文章，而將歐美的詩文一併採入；我從既有文論的基礎上，咀嚼西洋的美學，探求藝術的原理，更進一步提出自己的見解。我有好幾次因工作太忙，忙得幾乎無暇顧及而差點放棄，但我還是咬緊牙根，利用僅有的一點空白交卷了，因爲這是我與學術兩相繫連唯一的臍帶！每隔一段期間，我就將部分相關的文章集結成冊，竟能多次獲得教育部的研究著作獎，於是我寫得更有信心，寫得更有自己的影子了。

孔孟月刊歷經董金裕老師、蔡宗陽老師到如今主其事的李鍌老師，始終對我信賴有加，不但任我隨意發揮，而且一、二十年來，未曾更動我的隻字片語。今年已五十有八的我，再把興趣轉向新詩的寫作，我希望讓更年輕、更有才學的人來接棒，所以我謹在此，正式畫下句點。我此刻的心情，除了感謝之外，還是感謝，感謝彭正雄先生的栽培、董金裕老師的提攜、周何老師的啓發、蔡宗陽老師的抬愛、李鍌老師的肯定，以及黃慶萱老師默默的關心、時時的督促、諄諄的勉勵！

最後，我以新詩「彗星」一首，敬向容我庇我二十七年的孔孟月刊道別：

彗星

它不是掉在星系之外的恆星
它只是一顆穿越各大星系的
彗星

乍看多變，其實它有自己的軌道
出沒無常，卻也頻頻現身的彗星
有人向他許願
期許它能永遠留在眼前
燦爛如陽
有人把它視為偶然掠過遠空的流星
馬上就得在不見五指的暗夜裡
消失

想亮就亮，想閃就閃
當大行星、小行星環拱各自的恒星而日夜奔行時
彗星正以不疾不徐的速度
逕在茫然無際的天上
優遊

（孔孟月刊五九二期、二〇一一年十二月）